DIREITO URBANÍSTICO

LUÍS FILIPE COLAÇO ANTUNES

DIREITO URBANÍSTICO

UM OUTRO PARADIGMA: A PLANIFICAÇÃO
MODESTO-SITUACIONAL

ALMEDINA

TÍTULO:	DIREITO URBANÍSTICO
AUTOR:	LUIS FILIPE COLAÇO ANTUNES
EDITOR:	LIVRARIA ALMEDINA – COIMBRA www.almedina.net
LIVRARIAS:	LIVRARIA ALMEDINA ARCO DE ALMEDINA, 15 TELEF. 239 851900 FAX 239 851901 3004-509 COIMBRA – PORTUGAL livraria@almedina.net
	LIVRARIA ALMEDINA – PORTO RUA DE CEUTA, 79 TELEF. 22 2059773 FAX 22 2039497 4050-191 PORTO – PORTUGAL porto@almedina.net
	EDIÇÕES GLOBO, LDA. RUA S. FILIPE NERY, 37-A (AO RATO) TELEF. 21 3857619 FAX 21 3844661 1250-225 LISBOA – PORTUGAL globo@almedina.net
	LIVRARIA ALMEDINA ATRIUM SALDANHA LOJAS 71 A 74 PRAÇA DUQUE DE SALDANHA, 1 TELEF. 21 3712690 atrium@almedina.net
	LIVRARIA ALMEDINA – BRAGA CAMPOS DE GUALTAR UNIVERSIDADE DO MINHO 4700-320 BRAGA TELEF. 253 678 822 braga@almedina.net
EXECUÇÃO GRÁFICA:	G.C. – GRÁFICA DE COIMBRA, LDA. PALHEIRA – ASSAFARGE 3001-453 COIMBRA Email: producao@graficadecoimbra.pt
	ABRIL, 2002
DEPÓSITO LEGAL:	179400/02

Esta obra foi elaborada segundo os mais rigorosos procedimentos de qualidade, de modo a evitar imprecisões ou erros na reprodução dos textos oficiais. Aconselhamos, no entanto, que na sua utilização os diplomas legais sejam sempre comparados com os das publicações oficiais.

A uma bela Senhora – de tantos amanhecentes e anoitecentes.
Ela sabe quem é.

NOTA PRÉVIA

O texto que agora se apresenta a publicidade crítica corresponde ao Relatório apresentado no concurso para Professor Associado, aditado de alguns, poucos, desenvolvimentos discursivos.

Sem mover o sentido do texto original, damos conta das principais alterações legislativas (no campo urbanístico, do património cultural e do contencioso administrativo) entretanto ocorridas na lenta temporalidade de um procedimento concursal com tonalidades neobarrocas e algum gótico flamejante.

Estas curtas linhas justificam-se pela necessidade de explicar o título de um livro que não é apenas um relatório pedagógico-científico. Queremos significar – tão-só – que o programa de uma disciplina não deve retratar apenas fielmente o que se passa na sala de aula; deve também conter as teses do autor-actor. Uma delas está, precisamente, estampada no subtítulo.

Como *o meu nome sou eu*, o atleta permanece, mas, "espero", já sem o exílio linguístico e ontológico, mesmo sabendo, com HOBBES, que a ignorância é uma forma de maldade.

A delicadíssima tentação do "invisível" de SCHOENBERG ou de CÉZANNE.

Abraveia, Abril de 2002

"Nenhuma arte interpretativa do mundo está em condições de eliminar os objectos ideais da nossa linguagem e do nosso pensamento"

HUSSERL

"Sinto com cor e, portanto, a minha tela será sempre organizada através da cor"

MATISSE

PLANO DO RELATÓRIO

1. CONSIDERAÇÕES INTRODUTÓRIAS

2. PROGRAMA DE AUTOR E BIBLIOGRAFIA

3. CONTEÚDO PROGRAMÁTICO

4. MÉTODOS DE ENSINO TEÓRICO E PRÁTICO DA DISCIPLINA

5. BIBLIOGRAFIA REFERENCIADA NO TEXTO

6. ÍNDICE

1. CONSIDERAÇÕES INTRODUTÓRIAS

1. CONSIDERAÇÕES INTRODUTÓRIAS

A escolha da disciplina de Direito Urbanístico para objecto do Relatório

Nos termos do disposto no artigo 44.º/2 do Estatuto da Carreira Docente Universitária (aprovado pelo Decreto-Lei n.º 448/79, de 13 de Novembro, alterado, por ratificação, pela Lei n.º 19/80, de 16 de Julho), devem os candidatos admitidos a concurso para Professor Associado apresentar "um Relatório que inclua o programa, os conteúdos e os métodos do ensino teórico e prático das matérias da disciplina, ou de uma das disciplinas, do grupo a que respeita o concurso".

Do disposto na lei ressalta que a apreciação das candidaturas a concurso para Professor Associado decorre da avaliação das qualidades científicas e pedagógicas. O *curriculum vitæ* serve para testar primariamente o mérito científico e, só depois, o mérito pedagógico dos candidatos. Já o Relatório parece dar a primazia ao mérito pedagógico, secundarizando o mérito científico. Se bem que resulte do espírito da lei e até da natureza das coisas (estamos a falar de um concurso para Professor Associado a que se tem chegado até aqui com uma considerável veterania da actividade docente), a haver (e deve haver) uma hierarquia entre os dois valores, o primado, se quisermos ser justos, deve ir para o aspecto científico [1].

A disciplina científica escolhida foi a de Direito Urbanístico (do 5.º ano), que, de forma pertinente e gradual, vem enriquecendo a estrutura curricular das principais Faculdades de Direito do país, inclusive das mais recentes – Braga e Porto [2].

A eleição da disciplina de Direito Urbanístico (que juntamente com o Direito do Ambiente e o Direito Administrativo II lecciono persistentemente há alguns anos na U. M.), prende-se com o desafio e o fascínio que as suas matérias nos têm merecido ultimamente. Mais fácil, mas seguramente menos atraente do ponto de vista intelectual, teria sido a opção por qualquer das disciplinas antes referenciadas.

Outras razões estiveram na base desta escolha. Antes de mais, o facto do Direito Urbanístico se apresentar como campo científico de interacção de diferentes saberes (transdisciplinaridade), colocando desafios interessantes à sua conceptualização ao impor a necessidade de definição de temáticas relevantes e de promoção de novas articulações dogmáticas capazes de sustentarem a sua análise e complexidade. Vislumbra-se, assim, o Direito

---

[1] Como sustenta, e bem, M. JOÃO ESTORNINHO, *Contratos da Administração Pública (Esboço de Autonomização Curricular)*, Coimbra, 1999, p. 28, o acervo do programa e dos respectivos conteúdos não podem deixar de espelhar a originalidade e maturação científica do professor.

[2] Do ponto de vista jurídico, tal opção encontra perfeito conforto legal. Tem-se, aliás, entendido, como colegas ilustres já evidenciaram, que, para este efeito, o termo *disciplina* deva ser interpretado como *disciplina em sentido científico* e, portanto, não apenas e necessariamente como *disciplina curricular,* que também é.

Urbanístico como espaço epistemológico de renovação de alguns institutos mais relevantes do Direito Administrativo. Depois, o facto de se tratar de uma disciplina nova entre nós [1], que obriga a desvendar novos caminhos pedagógico-científicos, constituindo, por isso, lugar de ancoragem de novas direcções de reflexão.

É, em resumo, a vontade de compreender e pensar mais Direito [2] de quem vê no professor (de Direito) um eterno estudante, em harmonia com uma dogmática *in itinere* no Direito Urbanístico. É, também, a procura da cultura do belo e da identidade histórico-cultural, num tempo que peca pela descerebragem e pela fealdade urbanística. Como lembra TORGA, *o local é o universal sem os muros*. Por outras palavras, quem só sabe Direito nem Direito sabe.

Assim, sem desdenhar naturalmente o modelo seguido por dois ilustres colegas [3], que aliás nos inspiram e nos motivam, a nossa tentativa vai no sentido de desenhar um outro paradigma de Direito Urbanístico. Um Direito

---

[1] Sobre a paisagem universitária, que nos escusamos de repetir, cfr. ALVES CORREIA, *Estudos de Direito do Urbanismo*, Coimbra, 1997, p. 20 e ss, e, mais recentemente, MARIA DA GLÓRIA DIAS GARCIA, *Direito do Urbanismo (Relatório)*, Lisboa, 1999, p. 7 e ss.

[2] MARIA DA GLÓRIA DIAS GARCIA, *op. cit.*, p. 13.

[3] ALVES CORREIA, primeiro, *Estudos de Direito do Urbanismo, op. cit*, p. 11 e ss, e MARIA DA GLÓRIA DIAS GARCIA, depois, *Direito do Urbanismo (Relatório), op. cit*, p. 7 e ss, em cujos programas e ensino há muito de fundacional desta disciplina. Recordar os fundadores é outra forma de pedagogia e honestidade intelectual, pelo que cabe aqui, com inteira justiça, recordar o ensino originante de FREITAS DO AMARAL, no já distante ano lectivo de 1970/1971 (no quadro da cadeira anual de Direito Administrativo do 2.º ano da licenciatura da Faculdade de Direito da Universidade de Lisboa), cuja memória está retratada nos *Sumários* desenvolvidos sobre *Ordenamento do Território, Urbanismo e Habitação*.

Urbanístico positivo, prático, mas também cultural. Em síntese, um Direito Urbanístico que não é indiferente e, portanto, imune ao princípio do Estado-de-Direito-de-Cultura. Modestamente, acreditamos que esta perspectiva se encontra reflectida no programa e, sobretudo, no seu conteúdo. O Capítulo referido à reabilitação urbana, com maior acuidade dos centros históricos (como bens histórico-culturais), é uma boa manifestação disso mesmo.

2. PROGRAMA DE AUTOR E BIBLIOGRAFIA

2. PROGRAMA DE AUTOR E BIBLIOGRAFIA

O programa de uma disciplina deve corresponder ao enunciado das matérias a leccionar, incluindo o ordenamento sequencial e especializado dessas matérias [1].

A opção por um programa de autor não afasta as várias acepções de programa. Em sentido amplo, temos um programa que é um conjunto de pontos firmes, uma espécie de moldura aberta a uma pluralidade de interpretações e orientações científicas e pedagógicas, sem excluir até diferentes conteúdos quando há várias regências [2]. Em consonância, o programa deveria, em bom rigor, ser fruto de uma elaboração colectiva no seio do grupo ou da secção. A sua enorme latitude e até abstracção garantem a liberdade do docente e asseguram a referencialidade de plurais interesses e apetências dogmáticas [3].

---

[1] Cfr. FREITAS DO AMARAL, "Relatório sobre o Programa, os Conteúdos e os Métodos de Ensino de uma Disciplina de Direito Administrativo", in *Revista da Faculdade de Direito da Universidade de Lisboa,* Vol. XXVI, 1985, p. 281 e ss.

[2] Assim, JORGE MIRANDA, "Relatório com o Programa, os Conteúdos e os Métodos de Ensino de Direitos Fundamentais", in Separata da *Revista da Faculdade de Direito da Universidade de Lisboa,* Ano XXVI, p. 472.

[3] JORGE MIRANDA, *op. cit.,* p. 471. Por uma concepção mais genérica de programa da disciplina opta também ALVES CORREIA, *op. cit.,* p. 23.

Não afastamos, contudo, uma opção mais restrita [1], na medida em que o programa e o encadeamento das matérias (método) deve espelhar as orientações dogmáticas do professor que assume a responsabilidade de o elaborar.

Este entendimento não pode, todavia, ignorar a concepção ampla de programa, como limite aos delírios interpretativos do autor, uma vez que há pontos firmes, incontornáveis, que devem ser sempre tratados, independentemente das orientações e vocações do autor do programa.

Em nossa opinião, a opção não está tanto entre um programa em sentido amplo ou restrito, mas na escolha de um programa de autor, contingente e comprometido, sem deixar de ser realista. A "subjectividade" do autor, dentro de limites razoáveis, é indispensável para a criação científica e pedagógica.

Acresce ainda que as normas que consubstanciam o tecido normativo da disciplina de Direito Urbanístico se caracterizam por uma enorme fugacidade e mutabilidade. Mas não basta a "subjectividade" do "construtor" do programa, apesar da realidade só existir dentro da linguagem do autor, importa ainda perceber a qualidade situacional do destinatário do programa – o aluno. Como importa perceber que vivemos no mundo da "instantanização", da velocidade a vários níveis, o que impede a rígida determinação das matérias a leccionar.

Distintamente do programa, são os conteúdos o elemento estruturante (fundamental) de uma disciplina, na medida em que deixam entender aquilo que se pretende seja transmitido e adquirido, permitindo perceber, porventura de forma mais ajustada, tanto a concretização dos

---

[1] Neste sentido, VASCO PEREIRA DA SILVA, *Ensinar Direito (A Direito). Contencioso Administrativo*, Coimbra, 1999, p. 51.

objectivos do ensino e da aprendizagem, como a perspectiva epistemológica sob que se entende a relação com os domínios disciplinares de referência [1].

Um programa a várias vozes e velocidades (como nos heterónimos de PESSOA), que permita "contraditoriamente" atingir e estimular as diferentes subjectividades e apetências dos destinatários do programa. Programa que se pretende *dialógico,* mas já não *dialogal* ou *monologal.* Não *dialogal,* porque tal implicaria cair nas banalidades de base, mais ou menos enfáticas, do "diálogo" ou do "consenso" [2]. O perigo do senso comum espreita naturalmente. Obviamente não *monologal,* porque pressupõe uma relação de autoridade e de sujeição que é imprestável para uma sala de aula viva, crítica e activa. *Dialógico,* na medida em que instaura uma co-enunciação do discurso, que não impede o dissenso criativo e integrador. Enfim, o primado do conselho e da prudência sobre o comando.

Perante a dificuldade que é posta aos candidatos, não interessa tanto formular uma ritual *captatio benevolentiae,* mas assumir antes uma consciência modesta que, sem esquecer o paradigma de Pangloss (o filósofo do *Candide* de Voltaire), não ignore o perigo e a ingenuidade de desenhar "o melhor dos programas possíveis".

---

[1] VIEIRA DE CASTRO, *Supervisão Pedagógica em Ensino do Português (Relatório da disciplina),* Braga, 1998, p. 5.

[2] JEAN-CLAUDE BEACCO/DANIEL LUZZATI, "Présentation générale", in *Le Dialogique* (AA.VV.), Bern, Berlin, Frankfurt/M., New York, Paris, Wien, 1997, p. 1. Os perigos de associar o consenso à verdade no Direito são enormíssimos, a que não são alheias certas traduções pobres do pensamento de HABERMAS. Veja-se R. ALEXY, "Eine diskurstheoretische Konzeption der pratischen Vernunft", in R. ALEXY/R. DREIER, *Rechtssystem und pratische Vernunft,* Berlin, 1993, p. 136, ou A. PECZENIK, "Law, Morality, Coherence and Truth", in *Ratio Juris,* 1994, p. 146 e ss.

O programa não é, por outras palavras, assimilável a um *fundamentum inconcussum,* como poderia resultar de uma concepção clássica. A nossa tentativa aproxima-se mais de um sentido "irónico", rortyano [1], na medida em que as "teses" que deixa subentender admitem e sublinham uma linguagem determinante e a sua validade contingente. Sem ignorar as sugestivas propostas geradas pela perspectiva elaborada por KUHN [2], não nos parece prudente ver este programa como uma hipótese (re)-fundacional, mas antes como um discurso disciplinar aberto a diferentes possibilidades teoréticas. Vemo-lo, portanto, como um contributo para enfrentar problemas e questões urbanísticas através de sugestões teorético--metodológicas, a que não é indiferente um "direito urbanístico da complexidade", e cuja incompletude deve ser vista como um desafio ao aprofundamento e à descoberta de novos territórios científico-pedagógicos. Afastamos, assim, qualquer ideia de musealização do programa. Na esteira de FOUCAULT, não se trata de desenhar uma espécie de arquivo geral. O projecto de organizar uma forma de acumulação perpétua e indefinida do conhecimento é uma tentação (moderna) a que não podemos ceder, mas sem abdicar da "verdade" no e do direito urbanístico [3].

---

[1] R. RORTY, *Contingency, Irony and Solidarity,* Cambridge, 1989, p. 53.

[2] A célebre obra de T. A. KUHN, *The Structure of Scientific Revolutions,* Chicago, 1962.

[3] D. W. STAMPE, "Meaning and Truth in the Theory of Speech Acts", in P. COLE/J. L. MORGAN, *Syntax and Semantics. Speech Acts,* New York, 1975, p. 267 e ss. Para A. KAUFMANN, "Über die Wissenschaftlichkeit der Rechtswissenschaft", in *A.R.S.P.,* 1986, p. 440, a verdade está *no* texto, se bem que, dizemos nós, também *através* dele (texto) se possa e deva revelar ao "leitor".

Neste quadro epistemológico, o programa deve ser entendido como uma espécie de "hipertexto" (afastando o significado informático-cibernético do termo), no sentido da sua vulnerabilidade à mudança e, portanto, sensível à emergência de novos problemas e de novos saberes. Algo como "estar a caminho", no sentido heideggeriano do termo. Ouve-se, por outro lado, o eco demoplenariocrático da *Kulturkritik* [1], que investe as actuais geografias da complexidade decisional, o que é particularmente visível na planificação urbanística, abrindo-se simultânea e criticamente à propensão da moderna jurisprudência teorética, mas não pluralizante, para admitir outras abordagens e novos espaços hermenêuticos por meio dos quais é possível responder melhor ao sentido último ou teleológico do Direito [2].

Um programa pensado para uma cultura pós-metafísica e pós-racional-funcionalista. Questão crucial é a de pensar um programa da disciplina de Direito Urbanístico para um período histórico volúvel, como o que vivemos, que dê expressão às profundas alterações de ordem social, cultural e urbanística. Sendo o Direito Urbanístico um ramo do Direito de muitas e mutáveis leis, não deve, contudo, resumir-se a um direito positivista, imbuído de uma racionalidade difusamente perfeita, até porque não atingimos ainda a catarse da codificação.

Pretende-se, assim, apresentar um programa "não objectivo", um encontro intertextual. Não estamos, como é evidente, perante um imperativo absoluto, invocando interpretações unívocas, permitindo antes leituras e apro-

---

[1] Assinale-se o papel originante da Escola de Frankfurt.

[2] COLAÇO ANTUNES, *Para um Direito Administrativo de Garantia do Cidadão e da Administração. Tradição e Reforma*, Coimbra, 2000, p. 91 e ss.

fundamentos diversos. O programa não pode deixar de transparecer alguma tensão hermenêutica, aberta a um contraditório reflexivo e vivo. Um programa que poderíamos definir metodológico, se por metodologia entendermos – *meta odòs lògos* – um discurso a caminho ou acerca do caminho.

Não se trata de um programa *objectivo*, se por objectividade vier (classicamente) entendida aquela "qualidade" exterior do objecto partilhada por todos os sujeitos – numa separação cortante entre estes e aquele. Uma objectividade como a entende JASPERS, como *exterioridade,* mas também como *validade* e *justeza* da actuação do indivíduo na luta pelo Direito (urbanístico).

Um encontro intertextual, na medida em que a desconstrução "derridiana" ajuda a compreender que o leitor não enfrenta sozinho o texto, mas fá-lo, antes, através de todos os "encontros" literários tidos precedentemente [1]. O que surge, pelo menos inicialmente, é um "contacto" que poderemos definir de comunicacional-existencial entre o "livro" (programa) interpretado e as precedentes leituras, com todas as suas projecções hermenêuticas. Por outras palavras, convocam-se aqui todas as leituras jurídicas e não-jurídicas dos alunos, num horizonte heurístico e não axiomático.

Em suma, um programa que se insere num horizonte de *epistème* temperado pela *frònesis* e pela *prudentia,* isto é, um saber jurídico capaz de orientar reflexivamente o homem no seu agir urbanístico [2]. É precisamente a prudência a avisar-nos que não podemos correr o risco do

---

[1] J. DERRIDA, *Posições, Semiologia e Materialismo,* Lisboa, 1975.

[2] N. BOBBIO, "Comandi e consigli", in *Riv. Dir. Proc. Pen.,* 1971, p. 871.

mensageiro de PEREC, descobrindo, afinal, que somos o "porteur d'une lettre sans adresse" [1].

Colhe aqui, com pertinência, uma referência aos critérios de selecção da bibliografia constante do Programa da disciplina.

A bibliografia é compósita na sua natureza, não só pela diversidade de domínios que cobre, como pela variabilidade das características dos textos. Foi minha intenção disponibilizar bibliografia relevante no interior de cada um dos domínios entendidos como pertinentes, dando corpo à disponibilidade e apetência do corpo discente (por exemplo, trabalhos de investigação). Houve, por outro lado, a ideia de associar, sempre que possível, para cada um dos núcleos temáticos, sem deixar de se manterem activas para momentos subsequentes: i) obras de síntese, capazes de proporcionar aos alunos uma visão compreensiva do tema, das problemáticas relevantes, dos enquadramentos teóricos convocados para a sua descrição e análise, enfim, de dar conta do *state of art;* ii) monografias que analisam intensamente um ou vários tópicos essenciais; iii) artigos de revistas e capítulos de livros, que ora descrevem investigações de âmbito mais limitado, ora produzem reflexões que se entendem significativas.

Foi igualmente minha preocupação apresentar de forma relevante a produção bibliográfica portuguesa, sem que isso signifique qualquer entendimento localista da investigação científica e pedagógica.

Ainda uma breve referência explicativa à expressão por nós utilizada – "programa de autor".

A expressão não vem utilizada em sentido *cinematográfico* ou mesmo em sentido *literário,* onde frequente-

---

[1] G. PEREC, *Un Homme qui Dort,* Paris, 1967, p. 118.

mente a função-autor é lida através de um distanciamento radical entre o indivíduo real e o sujeito a que o texto é atribuído. Um bom exemplo da visão literária é-nos oferecido por BORGES, no seu "Borges y yo", publicado no *El Hacedor,* em 1960 (Madrid, 1997), onde o escritor manifesta, com particular agudeza, a captura ou mesmo a vampirização do ego (interior) pelo nome do autor: "Al otro, a Borges, es a quien le ocurren las cosas".

A expressão não vai também interpretada em sentido rigorosamente foucaultiano. Numa conferência quase tão célebre como o seu autor [1], FOUCAULT considera o "autor" como uma *função do discurso.* Para nós, com RORTY, mas também com MCKENZIE – *novos leitores fazem novos textos, cujo novo sentido depende de novas formas* [2].

A haver aqui uma certa ficção, ela não é de todo estranha ao Direito e às suas categorias abstractas, a começar pela do *sujeito jurídico* que, enquanto função do discurso jurídico, garante a unidade e a coerência do texto legal.

Como sugere BORGES noutro texto [3] dedicado a Shakespeare: "Nadie hubo en él; detrás de su rostro (que aun a través de las malas pinturas de la época no se parece a ningún otro) y de sus palabras, que eran copiosas, fantásticas y agitadas, no había más que un poco de frío, un sueño no soñado por alguien".

A ausência-presença do eu – ser nada – converte-se, portanto, na própria razão da condição de actor-autor.

---

[1] M. FOUCAULT, "Qu'est-ce qu'un auteur?", in *Bulletin de la Société Française de Philosophie,* t. LXIV, 1969, p. 73 e ss.

[2] D. F. MCKENZIE, *Bibliography and the Sociology of Texts,* London, 1986, p. 20.

[3] "Everything and Nothing", in *El Hacedor, op. cit.,* p. 52 e ss.

É neste esforço, tantas vezes inglório, para conquistar uma identidade singular e estável que reside a grandeza, e até a tragédia, do autor (e dos seus leitores--autores).

Por último, uma referência esclarecedora. Porque entendo que o programa deve ser situado e actual, a sua elaboração não foi naturalmente indiferente à turbulência e mesmo intermitência normativa registada em domínios sensíveis do Direito Urbanístico.

DIREITO URBANÍSTICO

PROGRAMA

CAPÍTULO I

INTRODUÇÃO

DELIMITAÇÃO E CARACTERIZAÇÃO DO DIREITO URBANÍSTICO

0. Pré-compreensões: O regresso contextual do Direito Urbanístico à *forma urbis*. Ordenamento do território e defesa do ambiente

1. Inteligibilidade dos enunciados linguísticos utilizados: urbanização e urbanismo

2. Conceito, objecto e natureza do Direito Urbanístico

3. Distinção entre Direito Urbanístico e outras disciplinas jurídicas afins. A matriz do Direito do Ordenamento do Território

4. Administração Pública do Urbanismo: aspectos constitucionais e organizativos

5. Uma breve resenha histórica do Direito Urbanístico

6. Relevância do Direito Urbanístico europeu na conformação do Direito Urbanístico nacional

CAPÍTULO II

TEORIA GERAL DOS PLANOS URBANÍSTICOS: DO MITO DO PLANO À PLANIFICAÇÃO ESTRUTURAL

0. O plano urbanístico entre ser e dever-ser. À procura de um outro paradigma urbanístico: a planificação modesto-situacional

1. Funções dos planos urbanísticos

2. Tipologia dos planos urbanísticos

3. Para um justo procedimento de formação dos planos urbanísticos

4. Dos princípios jurídicos estruturantes dos planos urbanísticos aos *standards* urbanísticos e ambientais

5. Natureza jurídica dos planos urbanísticos

6. Contencioso dos planos urbanísticos

7. A possibilidade de uma planificação urbanístico-ambiental estratégica

8. A evolução da planificação urbanística na Europa – Alemanha, Espanha, França e Itália – e Estados Unidos

CAPÍTULO III

REGIME JURÍDICO DOS INSTRUMENTOS DE GESTÃO TERRITORIAL

0. Considerações introdutórias: do ordenamento do território ao urbanismo e ao ambiente

1. Programa Nacional da Política de Ordenamento do Território

2. Planos Sectoriais

3. Planos Regionais de Ordenamento do Território

4. Planos Especiais de Ordenamento do Território

5. Planos Municipais de Ordenamento do Território

6. Sistemas e instrumentos de execução dos planos urbanísticos

CAPÍTULO IV

DA DISCRICIONARIDADE DOS PLANOS URBANÍSTICOS À INCERTEZA E CONFORMAÇÃO DO DIREITO DE PROPRIEDADE PRIVADA DO SOLO

1. Pontualização e limites da discricionaridade do planeamento urbanístico

2. O plano urbanístico e o princípio da igualdade

3. A garantia constitucional do direito de propriedade privada do solo e respectiva vinculação social

4. Sentido e alcance do princípio da vinculação situacional da propriedade privada do solo

5. Dos efeitos desigualitários do plano urbanístico sobre o direito de propriedade do solo à necessidade de medidas compensatórias e indemnizatórias

6. O conteúdo urbanístico da propriedade do solo. O direito de propriedade privada do solo e o *ius aedificandi:* direito e dever de edificar

7. O silêncio dos inocentes no Direito Urbanístico

8. A difícil relação da *vis* expansiva do plano urbanístico com as normas jurídicas sobre a utilização do solo

CAPÍTULO V

GESTÃO URBANÍSTICA: PRINCIPAIS INSTRUMENTOS JURÍDICOS

1. O licenciamento de obras particulares

2. O loteamento e as obras de urbanização

3. A expropriação por utilidade pública

CAPÍTULO VI

REABILITAÇÃO URBANA, ESTÉTICA E CENTROS HISTÓRICOS

BIBLIOGRAFIA

AA.VV., *Direito do Urbanismo* (coord. FREITAS DO AMARAL), I.N.A., Oeiras, 1989

AA.VV., *Urbanismo e Poder Local,* C.E.F.A., Coimbra, 1989

AA.VV., *I Curso de Gestão do Património Cultural*, Coimbra, 1994

AA.VV., *Direito do Património Cultural,* Oeiras, 1996

AA.VV., *A Execução dos Planos Directores Municipais,* A.P.D.U., Coimbra, 1998

AA.VV., *Estudios Jurídicos sobre Urbanismo,* Barcelona, 1998

AA. VV., *Reconstruire la Ville sur la Ville,* Paris, 1998

AA.VV., *Ordenamientos Urbanísticos. Valoración Crítica y Perspectivas de Futuro (Jornadas Internacionales de Derecho Urbanístico, Santiago de Compostela, 2 y 3 de Julio),* Madrid, 1998

AA.VV., *I Congreso Español de Derecho Urbanístico,* Santander, 1999

AA.VV., *Ciudades Históricas: Conservación y Desarrollo,* Madrid, 2000

ACALE SÁNCHEZ, M., *Delitos Urbanísticos,* Barcelona, 1997

ALIBRANDI, T. / FERRI, P., *I Beni Culturali e Ambientali,* 3.ª ed., Milano, 1995

ALONSO IBÁÑEZ, M. R., *El Patrimonio Histórico. Destino Público y Valor Cultural,* Madrid, 1992

ALONSO IBÁÑEZ, M. R., *Los Espacios Culturales en la Ordena-ción Urbanística*, Madrid, 1994

ALPA, G. / BESSONE, M. / FRANCARIO, L., *Il Privato e l'Espro-priazione*, 3.ª ed., Milano, 1994

ALTERMAN, R., *Private Supply of Public Services. Evaluation of Real Estate Exactions, Linkage and Alternative Land Policies*, New York, London, 1990

ALVES CORREIA, *As Garantias do Particular na Expropriação por Utilidade Pública*, Coimbra, 1982

ALVES CORREIA, *O Plano Urbanístico e o Princípio da Igualdade*, Coimbra, 1989

ALVES CORREIA, *As Formas de Pagamento da Indemnização na Expropriação por Utilidade Pública. Algumas Questões*, Separata do *B.F.D.U.C.*, Coimbra, 1991

ALVES CORREIA, *As Grandes Linhas da Recente Reforma do Direito do Urbanismo Português*, Coimbra, 1993

ALVES CORREIA, "O contencioso dos Planos Municipais de Ordenamento do Território", in *Revista Jurídica do Urbanismo e do Ambiente*, n.º 1, 1994

ALVES CORREIA, *Estudos de Direito do Urbanismo*, Coimbra, 1997

ALVES CORREIA, "Evolução do direito do urbanismo em Portugal em 1997-1998", in *B.F.D.U.C.*, vol. LXXIV, 1998

ALVES CORREIA, "Problemas actuais do direito do urbanismo em Portugal", in *CEDOUA*, n.º 2, 1998

ALVES CORREIA, "A jurisprudência do Tribunal Constitucional sobre expropriações por utilidade pública e o Código das Expropriações de 1999", in *Rev. Leg. Jur.*, n.ºs 3905 a 3909 e n.ºs 3913 e 3914, 1999/2000

ALVES CORREIA, *Direito do Ordenamento do Território e do Urbanismo*, 3.ª ed., Coimbra, 2000

ANTÓNIO CORDEIRO, *A Protecção de Terceiros em Face de Decisões Urbanísticas*, Coimbra, 1995

ASSINI, NICOLA / MANTINI, PIERLUIGI, *Manuale di Diritto Urbanistico,* Milano, 1997

AUBY, J.-M. / BON, P., *Droit Administratif des Biens (Domaine, travaux publics, expropriation),* Paris, 1993

AVILA ORIVE, J. L., *El Suelo como Elemento Ambiental (Perspectiva territorial y urbanística),* Bilbao, 1998

BABCOCK, R., *The Zoning Game Revisited,* Boston, 1985

BARRET, S. / HEALEY, P., *Land Policy: Problems and Alternatives,* London, 1985

BASSOLS COMA, M., "Panorama del derecho urbanístico español: balance y perspectivas", in *I Congreso Español de Derecho Urbanístico,* Santander, 1999

BEAUREGARD, R., *Atop the Urban Hierarchy,* New Jersey, 1989

BENEVOLO, L., *Le Origini dell'Urbanistica Moderna,* Bari, 2000

BENVENUTI, F., "Centri storici, problema giuridico?", in *Imp. Amb. Pubbl. Amm.,* 1977

BROHM, W., *Öffentliches Baurecht,* 2.ª ed., München, 1999

CAIA, G. / GHETTI, G. (coords), *La Tutela dei Centri Storici,* Torino, 1997

CARLO MENGOLI, J., *Manuale di Diritto Urbanistico,* Milano, 1997

CAUPERS, JOÃO, "Estado de Direito, ordenamento do território e direito de propriedade", in *Revista Jurídica do Urbanismo e do Ambiente,* n.º 3, 1995

CHALINE, CL., *La Régénération Urbaine,* Paris, 1999

CHARLES, HUBERT, *Droit de l'Urbanisme,* Paris, 1997

CHAUVIN, NICOLAS, *L'Illégalité du Plan d'Occupation des Sols,* Paris, 1996

CHOAY, F., *L'Allégorie du Patrimoine,* Paris, 1996

CHOAY, F., *La Règle et le Modèle (Sur la théorie de l'architecture et de l'urbanisme),* 2.ª ed., Paris, 1996

CLÁUDIO MONTEIRO, *O Embargo e a Demolição de Obras no Direito do Urbanismo Português,* polic., Lisboa, 1995

COLAÇO ANTUNES, *A Tutela dos Interesses Difusos em Direito Administrativo: Para uma Legitimação Procedimental,* Coimbra, 1989

COLAÇO ANTUNES, "Los intereses difusos. Ubicación constitucional; tutela jurisdiccional y acción popular de masas", in *Revista de Administración Pública,* n.º 124, 1991

COLAÇO ANTUNES, "Para uma noção jurídica de ambiente", in *Scientia Iuridica,* n.ºs 235/237, 1992

COLAÇO ANTUNES, "A fragmentação do Direito Administrativo: Do mito da caverna à utopia da vivenda", in *Revista Jurídica do Urbanismo e do Ambiente,* n.ºs 5/6, 1996

COLAÇO ANTUNES, "Contributo para uma percepção jurídico-cultural do centro histórico", in *Revista Jurídica do Urbanismo e do Ambiente,* n.º 7, 1997

COLAÇO ANTUNES, *O Procedimento Administrativo de Avaliação de Impacto Ambiental – Para uma Tutela Preventiva do Ambiente,* Coimbra, 1998

CORKINDALE, J., *Reforming Land Use Planning: Property Rights Approaches,* London, 1998

CORNU, MARIE, *Le Droit Culturel des Biens (L'intérêt culturel juridiquement protégé),* Bruxelles, 1996

D'ALESSIO, G., *I Centri Storici (Aspetti giuridici),* Milano, 1983

DELFANTE, CHARLES, *Grande Histoire de la Ville – De la Mésopotamie aux États-Unis,* Paris, 1997

DELGADO BARRIO, J., *El Control de la Discrecionalidad del Planeamiento Urbanístico,* Madrid, 1993

DESDENTADO DAROCA, E., *Discrecionalidad Administrativa y Planeamiento Urbanístico (Construcción teórica y análisis jurisprudencial),* Pamplona, 1997

DOMENICO DI GIOIA, *L'Espropriazione per Pubblica Utilità: Lineamenti,* Bari, 1996

DÜRR, B., *Baurecht,* 9.ª ed., Münster, 1998

ERBGUTH, WILFRIED, *Gesetz über die Umweltverträglichkeitsprüfung: Kommentar,* München, 1996

FALINI, P. (coord.), *I Territori della Riqualificazione Urbana,* Roma, 1997

FAUSTO DE QUADROS, "Direito das expropriações, direito do urbanismo e direito do ambiente: algumas questões fundamentais", in *Revista Jurídica do Urbanismo e do Ambiente,* n.º 4, 1996

FERNÁNDEZ, G. R., *Estudio sobre el Urbanismo y la Protección de los Recursos Naturales,* Madrid, 1996

FERNANDO CONDESSO, *Direito do Urbanismo. Noções Fundamentais,* Lisboa, 1999

FERRARI, E. (coord.), *L'Uso delle Aree Urbane e la Qualità dell'Abitato,* Milano, 2000

FERREIRA, JORGE, *Direito do Património Histórico-Cultural,* C.E.F.A., Coimbra, 1998

FOLQUE FERREIRA, A., "A ordem municipal de demolição de obras ilegais. Estudo para a compreensão das relações entre o poder de demolição e o poder de licenciar construções", in *Revista Jurídica do Urbanismo e do Ambiente,* n.os 5/6, 1996

FRANCO CARTEI, G., *La Disciplina del Paesaggio (Tra conservazione e fruizione programmata),* Torino, 1995

FREITAS DO AMARAL, "Opções políticas e ideológicas subjacentes à legislação urbanística", in *Direito do Urbanismo,* Lisboa, 1989

FREITAS DO AMARAL, "Apreciação da dissertação de doutoramento do licenciado Fernando Alves Correia 'O Plano Urbanístico e o Princípio da Igualdade'", in *Revista da Faculdade de Direito da Universidade de Lisboa,* vol. XXXII, 1991

FREITAS DO AMARAL, *Direito do Urbanismo (Sumários),* Lisboa, 1993

FREITAS DO AMARAL, "Ordenamento do território, urbanismo e ambiente: objecto, autonomia e distinções", in *Revista Jurídica do Urbanismo e do Ambiente*, n.º 1, 1994

FREITAS DO AMARAL E PAULO OTERO/M. REBELO DE SOUSA/SÉRVULO CORREIA E BACELAR GOUVEIA / / MENÉRES PIMENTEL, *Direito do Ordenamento do Território e Constituição (A inconstitucionalidade do Decreto--Lei n.º 351/93, de 7 de Outubro)*, A.P.P.I.I., Coimbra, 1998

GARCÍA DE ENTERRÍA / PAREJO ALFONSO, *Lecciones de Derecho Urbanístico*, Madrid, 1981

GAUDIN, J. P., *Les Nouvelles Politiques Urbaines*, Paris, 1993

GÉRARD, PATRICK, "Le régime juridique des plans d'urbanisme en France", in *CEDOUA*, n.º 1, 1999

GOMES CANOTILHO, "Actos autorizativos jurídico-públicos e responsabilidade por danos ambientais", in *B.F.D.U.C.*, vol. LXIX, 1993

GOMES CANOTILHO, "Relações jurídicas poligonais, ponderação ecológica de bens e controlo judicial preventivo", in *Revista Jurídica do Urbanismo e do Ambiente*, n.º 1, 1994

GOMES CANOTILHO, *Protecção do Ambiente e Direito de Propriedade (Crítica de jurisprudência ambiental)*, Coimbra, 1995

GOMES CANOTILHO, "Privatismo, associativismo e publicismo na justiça administrativa do ambiente", in *Rev. Leg. Jur.*, n.ºs 3857-3861

GONÇALVES PROENÇA, J. J., "Regime jurídico do planeamento territorial português", Separata da Universidade Lusíada – *Revista de Ciência e Cultura (Série Arquitectura)*, n° 1, 1992

GONÇALVES, PEDRO/PAULA OLIVEIRA, F., "A nulidade dos actos administrativos de gestão urbanística", in *CEDOUA*, n.º 1, 1999

HOPPE / GROTEFELS, *Öffentliches Baurecht*, München, 1995

JACQUOT, H., "Jerarquía en el derecho urbanístico francés", in *Doc. Adm.*, n.º 239, 1994

JACQUOT, H. / PRIET, F., *Droit de l' Urbanisme*, Paris, 1998

JÉGOUZO, Y., *Droit du Patrimoine Immobilier*, Paris, 1986

JIMÉNEZ LINARES, M.ª J., *El Derecho al Aprovechamiento Urbanístico*, Pamplona, 1997

LA BARBERA, R., *L'Attività Amministrativa. Dal Piano al Progetto*, Padova, 1990

LEMASURIER, J., *Le Droit de l'Expropriation*, Paris, 1996

LERIQUE, F., *Recherche sur les Aspects Juridiques de la Politique de la Ville (Thèse)*, Lille, 1999

LOPERANA ROTA, *El Derecho al Medio Ambiente Adecuado*, Madrid, 1996

LOPES DE BRITO, A. J. S., *A Protecção do Ambiente e os Planos Regionais de Ordenamento do Território*, Coimbra, 1997

LORENA DE SÈVES, "A protecção jurídico-pública de terceiros nos loteamentos urbanos e obras de urbanização", in *CEDOUA*, n.º 2, 1998

LUCARELLI, F., *Centri Storici e Città Patrimonio del Mondo*, Padova, 1984

MACARRÓN MIGUEL, A. M. / GONZÁLEZ MOZO, A., *La Conservación y la Restauración en el Siglo XX*, Madrid, 1998

MANUEL PORTO, *O Ordenamento do Território Face aos Desafios da Competitividade*, Coimbra, 1996

MARIO D'URSO, *Tutela dell'Ambiente e Pianificazione Urbanistica*, Padova, 1990

MAROTA, LUCIO, *Pianificazione Urbanistica e Discrezionalità Amministrativa*, Padova, 1988

MARQUES ANTUNES, N. S., *O Direito de Acção Popular no Contencioso Administrativo*, Lisboa, 1997

MAZZARELLI, VALERIA, *Fondamenti di Diritto Urbanistico*, Roma, 1996

MEILÁN GIL, J. L., *La Ordenación Jurídica de las Autonomias*, Madrid, 1988

MEILÁN GIL, J. L., "La dimensión temporal de la planificación urbanística", in *Scientia Iuridica,* n.ᵒˢ 253/255, 1995

MOORE, VICTOR, *A Practical Approach to Planning Law,* London, 1997

MORAND-DEVILLER, *Droit de l'Urbanisme,* Paris, 1998

OLIVEIRA ASCENSÃO, *Estudos sobre Expropriações e Nacionalizações,* Lisboa, 1989

OSVALDO GOMES, *Plano Director Municipal,* Coimbra, 1985

OSVALDO GOMES, *Expropriações por Utilidade Pública,* Lisboa, 1997

PAULA OLIVEIRA, F., *As Medidas Preventivas dos Planos Municipais de Ordenamento do Território (Alguns aspectos do seu regime jurídico),* Coimbra, 1998

PAULA OLIVEIRA, F., "Os princípios da nova lei de ordenamento do território: da hierarquia à coordenação", in *CEDOUA,* n.º 1, 2000

PEREIRA DA COSTA, A., *Servidões Administrativas e Outras Restrições de Utilidade Pública,* Porto, 1992

PEREIRA DA COSTA, A., *Regime Jurídico de Licenciamento de Obras Particulares, Anotado,* Coimbra, 1993

PEREIRA DA COSTA, A., "Propriedade horizontal e loteamento: compatibilidade", in *CEDOUA,* n.º 1, 1999

PEREIRA DA COSTA, A., *Direito dos Solos e da Construção,* Braga, 2000

PERESTRELO DE OLIVEIRA, L., *Código das Expropriações (Anotado),* 2.ª ed., Coimbra, 2000

PICOZZA, E., *Il Piano Regolatore Generale Urbanistico,* Padova, 1983

POMPEI, S., *Il Piano Regolatore Perequativo,* Milano, 1998

PREST, A. R., *The Taxation of Urban Land,* Manchester, 1981

PUGLIESE, F. / FERRARI, E., (coords), *Presente e Futuro della Pianificazione Urbanistica,* Milano, 1999

QUAGLIA, M. A., *Pianificazione Urbanistica e Perequazione,* Torino, 2000

RAMÓN FERNÁNDEZ, T., *Manual de Derecho Urbanístico*, 15.ª ed., Madrid, 2000

RAMÓN PARADA, *Derecho Urbanístico*, Madrid, 1999

REHBINDER, ECKHARD, *Das Vollzugsdefizit im Umweltrecht und das Umwelthaftungsrecht*, Leipzig, 1995

RODRÍGUEZ SANTIAGO, J. M., "Líneas básicas de la legislación urbanística de la República Federal de Alemania", in *Rev. Der. Urb. y Med. Amb.*, 1998

ROSENAU, H., *La Ciudad Ideal (Su evolución arquitectónica en Europa)* (tr. esp.), Madrid, 1999

SALVIA, F., "Dal risanamento al restauro conservativo dei centri storici", in *Foro amm.*, 1973

SALVIA, F. / TERESI, F., *Diritto Urbanistico*, 6.ª ed., Padova, 1998

SARDINHA, J. M., *O Novo Regime Jurídico das Operações de Loteamento e de Obras de Urbanização, Comentado e Anotado*, Coimbra, 1992

SARDINHA, J. M., *Estudos de Direito do Urbanismo e do Ordenamento do Território*, Lisboa, 1997

SAVITCH, H. V., *Post Industrial Cities: Politics and Planning in New York, London and Paris*, Princeton, 1988

SCHMIDT-AßMANN, *Grundfragen des Städtebaurechts*, Göttingen, 1972

SCHMIDT-AßMANN, "L'evoluzione del principio di conformità ai piani nel diritto urbanistico tedesco", in *Presente e Futuro della Pianificazione Urbanistica*, Milano, 1999

SCHOENEBERG, JÖRG, *Umweltverträglichkeitsprüfung*, München, 1993

SCHULTE, H., *Raumplanung und Genehmigung bei der Bodenschätzegewinnung*, München, 1997

SCIULLO, G., *Pianificazione Urbanistica e Conflitto di Interessi*, Padova, 2000

SENSALE, MASSIMO, *Il Silenzio della Pubblica Amministrazione nel Diritto Urbanistico*, Padova, 1991

SOLER, P., *Droit de l'Urbanisme*, Paris, 1998

SPAGNA MUSSO, *Ius Ædificandi e Tutela degli Interessi Diffusi*, Rimini, 1983

SPANTIGATI, FEDERICO, *Diritto Urbanistico,* Padova, 1990

STELLA RICHTER, *Profili Funzionali dell'Urbanistica,* Milano, 1984

SUEUR, J. P., *Changer la Ville. Pour une Nouvelle Urbanité,* Paris, 1999

TEJEDOR BIELSA, J. C., *Propiedad, Equidistribución y Urbanismo (Hacia un nuevo modelo urbanístico),* Pamplona, 1998

TEJEDOR BIELSA, J. C., *Un Modelo Urbanístico Alternativo. El Derecho Francés,* Barcelona, 1998

TULUMELLO, GIOVANNI, *Pianificazione Urbanistica e Dimensione Territoriale degli Interessi,* Milano, 1996

URBANI, PAULO (coord.), *La Disciplina Urbanistica in Italia (Problemi attuali e prospettive di riforma),* Torino, 1998

URBANI, PAULO, *Urbanistica Consensuale (La disciplina degli usi del territorio tra liberalizzazione, programmazione negoziata e tutele differenziate),* Torino, 2000

WIEL, M., *Transition Urbaine ou le Passage de la Ville Pédestre à la Ville Motorisée*, Bruxelles, 1999

3. CONTEÚDO PROGRAMÁTICO

CAPÍTULO I

INTRODUÇÃO

DELIMITAÇÃO E CARACTERIZAÇÃO
DO DIREITO URBANÍSTICO

CAPÍTULO I

0. O regresso contextual do Direito Urbanístico à *forma urbis*. Ordenamento do território e defesa do ambiente [1].

Somos dos que pensam que o programa de uma disciplina deve conter teses, querendo com isto significar o pensamento do "fazedor", do autor do "texto", cujas pré-compreensões e filosofia enformam não só o programa como o seu conteúdo e até metodologia.

Numa tentativa de síntese, diríamos que o essencial da questão do processo crise-renovação da doutrina e *praxis* urbanísticas se centra fundamentalmente em dois fenómenos complementares entre si. O primeiro, de natureza factual, caracteriza-se pela *contenção do crescimento* (esquizofrenia da construção e urbanização excessiva do território – as zonas urbanizáveis pelos Planos Directores Municipais estão para lá das necessidades, projectando-se num futuro longínquo); o segundo, de ordem epistemoló-

---

[1] Sobretudo a partir deste ponto, optámos por não sobrecarregar excessivamente o texto com notas, dando conta, no final, da principal bibliografia utilizada, até porque julgamos, ainda que modestamente, poder sustentar alguma originalidade quanto aos trilhos epistemológicos seguidos na confecção dos conteúdos da disciplina de Direito Urbanístico.

gica, refere-se à *crise da modernidade*, em boa medida ancorada num pensamento pós-moderno desordenado e teoreticamente ambíguo [1].

A primeira questão – racionalização do crescimento – põe em causa os postulados que estão na base da *Grosstadt* do capitalismo industrial (imperante em grande parte do território nacional, independentemente da coloração "ideológica" dos Municípios). Os pressupostos operativos em que se baseia a planificação e a construção da cidade moderna têm-se materializado num processo de desenvolvimento descontínuo, por saltos e brutais substituições, de natureza fortemente dissipativa, modificando radicalmente a natureza da cidade e do território pre-existente.

A tais critérios opõem-se, nitidamente, os princípios estruturais e mecanismos de transformação que estão na base da construção da cidade pré-industrial, e que consistem na continuidade do processo evolutivo, na gradualidade e na dimensão (modesta) das intervenções urbanísticas, de natureza substancialmente conservadora (manutenção, reparação), e no respeito e valorização dos vínculos impostos pelo contexto ambiental e histórico [2].

A meu ver, a racionalização (contenção) do crescimento impõe-se não só às grandes metrópoles mas também às cidades médias e mesmo de pequena dimensão (os fenómenos patológicos são conhecidos).

Da mesma forma, não basta uma viragem nos valores – em termos de contraposição entre o normal e normativo

---

[1] Sobre este item do Programa da disciplina, seguimos, no essencial, o nosso estudo, COLAÇO ANTUNES, "Contributo para uma percepção jurídico-cultural do centro histórico", in *Rev. Jur. Urb. Amb.*, n.º 7, 1997, p. 67 e ss.

[2] A. PEDROLLI, "Trasformazioni urbane: recupero e limiti della città", in *Atti I.R.T.U.* 89/90, Firenze, p. 87 e ss.

e o patológico (o que não pressupõe apenas a contraposição entre cidade ideal e cidade real) – a que nos haviam habituado as teses do movimento moderno, codificadas na *Carta de Atenas* de 1933 [1]. Impõe-se agora destacar especialmente os valores e os princípios constitutivos da cidade de antiga formação, a par com uma dimensão ajustada e conforme a um planeamento urbanístico ecológica e territorialmente equilibrado.

Uma outra vertente condiciona o discurso urbanístico moderno, representada pela sua forte conotação ideológica, embalada por uma estreita e ambígua simbiose entre enunciados científicos (mais afirmados do que demonstrados), juízos de valor, afirmações éticas e proposições utópicas.

No que toca à segunda questão – *crise da modernidade* – significa teoreticamente, senão o fim, pelo menos a crise de toda e qualquer hipótese holística, totalizante e expansiva das "grandes narrações" dos planos urbanísticos. Isto não deve comportar, obviamente, a irrelevância dos planos urbanísticos (ou a sua substituição por projectos locais de arquitectura urbana).

O discurso sobre o plano, mesmo de natureza rigidamente correctiva e normativa, continua a justificar-se (paradoxalmente), face ao carácter fortemente expansivo em que se fundou a urbanística moderna, visível também no actual planeamento, para quem o espaço não urbano é concebido substantivamente como espaço a conquistar,

---

[1] A descerebragem urbanística tem aqui um dos seus pontos culminantes. É o ponto de partida da "destruição progressista" baseada na doutrina do movimento moderno (C.I.A.M.), curiosamente e de certo modo em contraposição com a Conferência Internacional de 1931, também realizada em Atenas. Sobre o tema, cfr. F. CHOAY, *L'Urbanisme: Utopie et Réalités,* Paris, 1965.

como espaço a edificar. Isto tem significado para os urbanistas uma fixação obsessiva: a cidade, como cidade de cimento, como espaço edificado.

Não basta, porém, abandonar os paradigmas funcionalistas e quantitativos, importa, simultaneamente, dar atenção à forma da cidade, à qualidade urbanística e ambiental do espaço urbano e à redefinição (reforço) das relações coerentes entre o plano urbanístico e o projecto de arquitectura. Este deve saber conciliar a estética da forma com a ética da concepção [1].

Por outro lado, uma visão integrada do território, como articulação do espaço construído, antropormofizado (cidade e campo) com o espaço natural, como ecossistema, deve merecer mais atenção a um planeamento urbanístico correctamente encadeado na lógica e deontologia do ordenamento do território.

Na base destas premissas, parece necessário, até porque a lei o exige (artigo 84.º/1 do Decreto-Lei n.º 380/99, de 22 de Setembro), que o plano urbanístico (Plano Director Municipal) afronte sistematicamente o território municipal na sua totalidade, como espaço construído e como espaço natural. Isto é, como sistema de lugares diferenciados e simultaneamente interligados por uma pluralidade de relações e interconexões [2].

O plano, na sua feição benigna, não pode limitar-se a urbanizar o solo e a prescrever limites à edificabilidade, mas deve também prescrever modalidades de estruturação e de transformação do solo municipal adequadas a um regresso contextual do direito urbanístico à cidade.

Da assunção de tais objectivos, estritamente dependentes da percepção do território como ecossistema, deve

---

[1] COLAÇO ANTUNES, *op. cit.,* p. 70.
[2] COLAÇO ANTUNES, *op. cit.,* p. 70.

deduzir-se uma diversa relação entre intervenções urbanísticas transformadoras e exigências de conservação, entre *permanência* (centros históricos e antigos) e *variabilidade* dos caracteres dos vários lugares, conceitos que se aplicam não só ao espaço edificado mas também à totalidade dos componentes do ecossistema territorial.

Em síntese, o problema da forma da cidade, e da combinação harmoniosa entre a parte antiga e a parte moderna, não pode surgir desligado, sem se confundir, com o ordenamento do território e a protecção do ambiente, como, aliás, parece decorrer do actual ordenamento jurídico. Dito de outra forma, o espaço construído como orientação fundamental da planificação urbanística municipal.

Um outro problema *particular* que atravessa a crise da modernidade (na relação entre o plano urbanístico e o projecto de arquitectura) é a questão da forma da cidade, conexa à contraposição entre *cidade bela* e *cidade feia* ou, talvez melhor, entre o *banal e ordinário* e o *extraordinário e excepcional.* Esta questão é relevante para a aproximação que se seguirá à problemática dos centros históricos e à sua relação com a parte moderna da cidade (que é entre nós de uma fealdade arrepiante), pelo que lhe dedicaremos (de imediato) alguma atenção [1].

Por vezes, a dicotomia entre o belo e o feio ou banal e extraordinário é suspensa pelo juízo (estético) de *estranho.* No filme *Amadeus*, de MILOS FORMAN, há uma estranha frase pronunciada por Mozart que, depois de ter lido e ouvido um fragmento da música de Salieri, afirma: "Pensava que não se pudesse escrever uma música do género". O qualificativo de *estranho* significa aqui uma

---

[1] COLAÇO ANTUNES, *op. cit.,* p. 71.

espécie de suspensão do juízo estético sobre a beleza ou a fealdade da obra, justificada pela dificuldade de Mozart reconhecer a referida obra na sua linguagem (das suas palavras), como acto individual, ou na língua usada pela massa falante dos artistas (SAUSSURE). Neste sentido, renunciar ao qualificativo de estranho corresponde à vontade de o colocar fora ou dentro da língua colectiva, isto é, a obra é agora feia ou bela. Logo, para superar o estado provisório e ambíguo do conceito de *estranho* e aceitar finalmente a sua beleza, depende também da opinião que tenhamos da própria língua (cidade), da sua execução e do seu consumo. W. SHAKESPEARE entendia que a beleza (a qualidade) do texto (cidade) depende também da qualidade do leitor ou do ouvinte (cidadão) [1].

Mas isto pode não ser suficiente. Ver e reconhecer uma mulher ou uma cidade como bela contém (também) já o desejo ou algo mais: a *Sehnsucht* (o império dos sentidos) [2]. Ligada a esta interpretação está um fenómeno tão frequente como inquietante: destruir o que se venera e gostar daquilo que se destrói. A história do vandalismo, que se confunde por vezes com a história da arte, talvez devesse ser compreendida em termos psicanalíticos.

Para ultrapassar a dialéctica que une e contrapõe as categorias de belo, de feio e de estranho, poderíamos socorrer-nos de MARC ANTOINE LAUGIER (*Essai sur l'Architecture*, 1753-1755). LAUGIER, como bom jesuíta, aplicava à arquitectura e à cidade uma lógica formal e construtiva, de carácter científico e universal. Reflectia assim *l'esprit du temps*, ilustrado por pensadores como VOLTAIRE, que havia escrito o *Traité du Beau* (1749), ou CONDILLAC – que publicou o *Traité des Sensations* (1754).

---

[1] COLAÇO ANTUNES, *op. cit.*, p. 71.
[2] COLAÇO ANTUNES, *op. cit.*, pp. 71 e 72.

A lógica de LAUGIER vai conduzi-lo à percepção, não ignorada pela semiologia, de uma diferença fundamental entre aquilo que deve ser excepcional e extraordinário e o banal, o ordinário.

Uma primeira pista (resposta) repousa na configuração da cidade a partir dos seus espaços mais significativos e emblemáticos (centros históricos, dizemos nós). Esta visão cêntrica da cidade de LAUGIER, retomada de forma muito discutível por HAUSSMANN (Paris), deve ser hoje revisitada e recomposta, como se compreenderá melhor quando abordarmos a problemática dos centros históricos [1].

A segunda resposta (pista), mais relevante, resulta da passagem (ou mesmo articulação) da noção de *venustas* (consonância estética) para a de *bienséance*, termo que, sendo diverso, é próximo à noção de *convenance*. De facto, a *bienséance* não significa apenas harmonização às circunstâncias ou a um lugar ou espaço, não é apenas algo contextual. É algo mais, uma espécie de elegância em saber mostrar as próprias virtudes ou saber não exibi-las noutras circunstâncias. Em suma, relações semiológicas entre expressão e conteúdo, a que LAUGIER acrescenta um terceiro termo, *o lugar* .

Lembramos que o lugar é o que dá forma ao tempo (MALLARMÉ, "Rien n'aura eu lieu que le lieu") e que com a frase de TORGA – "O universal é o local sem os muros" – nós sentimos a presença do regresso pascaliano em direcção ao seu limite infinito. Assim, um espaço significante (por exemplo, uma praça cêntrica) não pode ser submetida a uma arquitectura da banalidade. Isto é, não podemos "vestir" a tentação do falso-informal dos *jeans* levados à

---

[1] COLAÇO ANTUNES, *op. cit.*, p. 72.

Ópera, sobretudo com a assinatura do malogrado Versace, quanto mais admitir a banalidade pós-moderna de um edifício no centro de uma praça significativa [1].

De um ponto de vista urbanístico, a beleza de uma cidade bem pode ser a *bienséance* das suas partes em relação ao seu conjunto, sem prejuízo de admitir que a variedade das suas partes se deve conjugar com a (parte) *invariante* que é o seu centro histórico.

Em síntese, em relação aos conceitos de ordinário e de extraordinário, os qualificativos de belo, de feio ou de estranho só têm sentido se as intervenções arquitectónicas e urbanísticas se harmonizarem (belo) ou não (feio), ou ainda não se harmonizarem ao lugar (estranho). Por outras palavras, se são ou não apropriadas ao espaço (neste último caso haveria *malséance*). O direito *ao* urbanismo e à cidade como direito à estética e à beleza.

Para que nos compreendamos, importa lembrar, com RAINIER MARIA RILKE (do *Diário Florentino*), que não falamos apenas da cidade (e de urbanismo), mas também do que fomos e somos através dela.

1. Iniciamos, depois, o Programa propriamente dito com a tentativa de oferecer alguma inteligibilidade a enunciados linguísticos operatórios como o de urbanização e o de urbanismo.

O *Petit Larousse* (1996) define urbanismo como "science et technique de la construction et de l'aménagement des agglomérations, villes et villages". Neste sentido, o direito urbanístico seria, numa primeira aproximação, o

---

[1] COLAÇO ANTUNES, *op. cit.*, p. 72.

ramo do direito que reúne o conjunto de regras jurídicas que ordenam o desenvolvimento urbano [1].

O fenómeno da *urbanização* é tão antigo como o surgimento das aldeias e das cidades, mas, tal como o urbanismo, o seu reconhecimento conceptual é relativamente recente. O termo foi utilizado pela primeira vez pelo engenheiro ILDEFONSO CERDÀ, na sua *Teoría General de la Urbanización y Aplicación de sus Principios y Doctrinas a la Reforma y Ensanche de Barcelona*, Madrid (1867). O sentido que o autor deu a esta palavra difere da que tem na actualidade. Para CERDÀ, a urbanização constituía a ciência da organização espacial da cidade, cuja tarefa cabia a um especialista, o urbanista, que tinha como missão encarregar-se de desenhar as leis a aplicar na planificação do espaço a construir, leis que até esse momento tinham funcionado de modo espontâneo na construção das cidades.

O termo tem hoje, como sabemos, um sentido diferente (veja-se o artigo 2.º/h) do Decreto-Lei n.º 555/99, de 16 de Dezembro, provisoriamente suspenso pela Lei n.º 13/2000, de 20 de Julho, que repristinou a legislação anteriormente em vigor, artigo 1.º, com as ressalvas contidas no n.º 2 do mesmo artigo) [2]. A concepção de CERDÀ contemplava o que se poderia designar por urbanismo

---

[1] H. CHARLES, *Droit de l'Urbanisme,* Paris, 1997, p. 3.

[2] Aproveitamos para esclarecer, desde já, que, por razões de natureza lógico-sistemática e de actualidade deste trabalho, tomamos substancialmente em consideração o diploma referenciado. A suspensão do referido diploma foi posteriormente prorrogada (artigo 4.º da Lei n.º 30-A/2000, de 20 de Dezembro).

Já depois de concluído este trabalho, o Decreto-Lei n.º 177/2001, de 4 de Junho, veio alterar consideravelmente o Decreto-Lei n.º 555/99, de 16 de Dezembro, repondo a plena normatividade deste diploma e revogando os constantes do artigo 129.º.

global, em que se incluía o urbanismo como ciência e arte e a urbanização como técnica de planificação urbana. Actualmente, uma das acepções do termo urbanização é precisamente esta última, a técnica de desenhar o espaço urbano [1].

A palavra urbanização é ainda utilizada com outros significados [2]. A organização e a modelação de um terreno para habitar e o seu resultado constitui uma urbanização ou o processo por que um país passa ao deter actualmente uma população maioritariamente urbana. Fala-se a este propósito de taxa de urbanização, aproximando-se do conceito de urbanismo enquanto realidade social.

O conceito de *urbanismo* apresenta, por sua vez, uma grande complexidade ao ser frequentemente utilizado sem muita precisão e com sentidos diferentes. A sua conceptualização remonta aos inícios do século XX, inspirada na noção de urbanização de ILDEFONSO CERDÀ [3].

---

[1] Porém, a poligamia de sentidos (polissemia) do conceito de urbanização aparece em muitos autores (a que não é alheia a complexidade e a confusão com o termo urbanismo) como HUOT, THALMAN e VALBELLE (no seu livro *Naissance des Cités*) ou em TILLY (no seu estudo sobre a *Vendée,* Cambridge, 1964), em que a noção de urbanização surge para significar o conjunto de alterações que ocorrem geralmente quando se verifica o surgimento e expansão de actividades em grande escala numa sociedade. Cfr. M. JESÚS FUENTE, *Diccionario de Historia Urbana y Urbanismo (El lenguaje de la ciudad en el tiempo)*, Madrid, 1999, p. 321.

[2] A noção de urbanização é igualmente equívoca no direito alemão, segundo a qual pode vir a incluir, entre outras actividades, obras públicas de viabilidade (estradas, praças, vias de comunicação), espaços públicos verdes, parques de jogos, estabelecimentos públicos para o tratamento de águas e resíduos sólidos. Cfr. BATTIS / / KRAUTZBERGER / LÖHR, *Kommentar zum Baugesetzbuch*, 6.ª ed., München, 1999, §123, p. 679.

[3] Para alguns, precisamente em 1910. Cfr. P. LEGENDRE, *Histoire de l'Administration de 1750 à nos Jours,* Paris, 1968, p. 422.

Com efeito, muitas foram as definições de urbanismo, procedendo grande parte delas de autores relacionados com a Escola de Altos Estudos Urbanos de França, criada em 1916 por MARCEL POÈTE. Muitas das definições coincidem em afirmar, na senda de POÈTE, que o urbanismo é uma ciência e uma arte em que se conjugam vários saberes. LOUIS WIRTH, no seu famoso livro publicado em 1983 *(Urbanism as a Way of Life)*, argumenta, com certa pertinência, que os aglomerados urbanos se podem distinguir pelo estilo de vida dos seus habitantes, claramente diferenciados do viver ruralmente.

Numa noção ampla, que não se reduz à técnica da planificação do espaço, o urbanismo pode hoje englobar o *town-planning* inglês, o *Städtebau* alemão e o *urbanisme* francês [1].

Na acepção de POÈTE, enquanto ciência ou arte de ordenação (espontânea ou estudada) das cidades, há urbanismo em todas as épocas históricas, se bem que a fascinação pelo fenómeno estético-urbano tenha uma referência essencial no Renascimento. Nesta época, como noutras, o urbanismo significava sobretudo uma ordenação estética da cidade [2].

O desenvolvimento harmonioso das cidades, ultrapassando a dimensão puramente artística e arquitectónica, ao envolver aspectos sociais, tende a acentuar a ideia de urbanismo como ciência e, sobretudo, como técnica urbanística.

---

[1] M. JESÚS FUENTE, *op. cit.*, p. 320.

[2] S. GONZÁLEZ-VARAS IBÁÑEZ, *La Rehabilitación Urbanística*, Pamplona, 1998, pp. 207 e 208; A. PICÓN, *Architecture et Ingénieurs au Siècle des Lumières*, Paris, 1988, p. 172 e ss; K. KRÜGER (coord.), *Europäische Städte im Zeitalter des Barocks*, Köln, 1988.

Duas correntes de pensamento sobressaem no esforço de abertura de uma via de reflexão tendente a dotar a "sociedade urbana" de alguns princípios e métodos: o pensamento utópico e o pensamento racionalista. Os *primeiros* concebem uma reflexão em torno da noção de cidade ideal (THOMAS MORE) ou cidade do sol (TOMMASO CAMPANELLA) [1].

Já os *racionalistas* apontam, cartesianamente, para uma organização metódica da cidade em que pontifica uma ideia de planometria, com os primeiros planos urbanísticos a remontarem ao século XVI. A planificação urbana exprime uma ideia de desenvolvimento ordenado da cidade apoiada no crescente vigor jurídico das suas normas. A esta mutação urbanística não é indiferente, depois, a presença do Estado monárquico, claramente favorável ao intervencionismo urbanístico [2]. O ponto culminante está na concepção da cidade como obra de arte.

No fundo, é o devir da sociedade urbana, com a sucessiva passagem da cidade política à cidade comercial e industrial. A rareza crescente de solo disponível, o progresso das técnicas urbanísticas e, mais especificamente, da construção, conduziram depois ao *famous building* que fere o céu, com a famosa Escola de Chicago (1880-1893) [3].

---

[1] Cfr. H. CHARLES, *op. cit.*, pp. 7 e 8, e E. HOWARD, *Tomorrow: A Peaceful Path to Real Reform*, London, 1898, reeditado em 1902 com o título: *Garden Cities of Tomorrow*.

[2] L. BENEVOLO, *Le origini dell'urbanistica moderna*, Bari, 2000, p. 14 e ss.

[3] A. ROSS, *Celebration Chronicles: Life, Liberty and the Pursuit of Property Values in Disney's New Town*, New York, 1998, p. 117; cfr. ainda B. DUNLOP, *Building a Dream. The Art of Disney Architecture*, New York, 1996.

Coloca-se aqui, com toda a delicadeza, a figura do *direito de sobreconstrução* (para cima) e do *direito de subconstrução* (para baixo),

Conteúdo Programático – Capítulo I   63

igualmente posto pela corrente do racionalismo funcionalista, como forma de resolver o gravíssimo problema social da habitação (a par do arrendamento urbano e do direito de superfície).

Tal como o ordenamento jurídico de outros países, o Código Civil (através do artigo 1526.º), ainda que situe o problema no Título V do Livro III, pertinente ao direito de superfície, creio ser possível deduzir da redacção do preceito uma outra figura, como resulta da vinculação que estabelece com a propriedade horizontal. Configura-se, assim, um *direito de sobreconstrução* (ou direito de sobreedificação), cujo exercício dá lugar a uma nova obra de que resulta a constituição da referida propriedade, com partes privadas e comuns.

Do ponto de vista jurídico, o *direito de sobreconstrução* apresenta-se como um *ius in re aliena,* se bem que não se entenda como é que o sobreedificante adquire o respectivo direito de propriedade. Sobre esta matéria cfr., entre outros, MENEZES CORDEIRO, *Tratado de Direito Civil Português,* I e II, Coimbra, 2000, e MOTA PINTO, *Direitos Reais,* Coimbra, 1971, p. 296.

Embora esta questão (de direito privado) não seja do nosso pelouro, somos de opinião que, havendo reserva ou transmissão do mencionado poder ou faculdade, melhor seria qualificar esta figura jurídica *(direito de sobreconstrução)* como um direito real sobre coisa alheia.

Outro caminho será, face à pluralidade de titulares do edifício (falamos naturalmente da propriedade horizontal), ver aí um *direito acessório* (como resulta do direito francês), partindo da ideia de que cada um dos interessados é, por um lado, titular exclusivo da respectiva fracção autónoma e, por outro, comproprietário das partes comuns; ou, simplesmente, confeccioná-lo como uma emanação do seu direito de propriedade, constituindo, deste modo, uma das faculdades do domínio.

Em suma, estamos confrontados com uma problemática jurídica arduamente debatida pela doutrina e, portanto, inconclusiva.

Por consequência, as nossas limitações nesta matéria apenas nos permitem, quando muito, abrir uma outra perspectiva dogmática. Havendo de distinguir as relações jurídicas do sobreedificante com o imóvel e o solo, creio ser possível configurar uma espécie de direito de propriedade potencial – em função da construção projectada. Direito *real* sobre o solo e direito *potencial* sobre o imóvel. Para adensar esta questão, colocam-se ainda os limites postos pelo ordenamento jurídico urbanístico, em particular os planos.

Sucessivamente, a criação arquitectónica tende a inserir-se numa determinada concepção de cidade, a que não é alheia nomes como o de LE CORBUSIER ou MIES VAN DER ROHE, e que tem no Congresso Internacional de Arquitectura Moderna de Atenas, no ano de 1933, uma referência essencial. Este modelo de urbanismo funcional-racionalista (assente numa pluralidade de funções da cidade) é um dos pilares em que tem assentado a urbanoplanocracia actual [1].

A par da evolução histórica do urbanismo como ciência ou como arte, verificou-se igualmente um determinado evoluir do urbanismo como técnica, com destaque para o alinhamento, o zonamento ou a cidade-jardim.

De todo o modo, a nossa concepção de urbanismo, sem descurar o contexto envolvente da cidade e a sua expansão racional e sustentada, não ultrapassa, em muito, o seu sentido etimológico. Afasta-se, assim, uma noção ampla de urbanismo que se confundiria com "orbenismo" [2].

No desenho do Programa da disciplina, optámos, como se vê, por incluir uma espécie de prelúdio essencial (juntamente com as pré-compreensões), onde vêm referenciados alguns conceitos operatórios e fragmentos de historicidade que julgamos indispensáveis à inteligibilidade (pelos alunos) das matérias leccionadas ao longo do ano lectivo.

---

[1] P. STELLA RICHTER, *Ripensare la disciplina urbanistica*, Torino, 1997, p. 94 e ss.

[2] ALVES CORREIA, na sua obra *O Plano Urbanístico e o Princípio da Igualdade,* Coimbra, 1989, pp. 48 e 49, sustenta, abertamente, uma noção ampla de urbanismo (enquanto ciência), que em páginas seguintes se projectará numa noção igualmente ampla de direito urbanístico.

2. O ponto número dois da Introdução refere-se ao conceito, objecto [1] e natureza do Direito Urbanístico. Para começo, diríamos que a essência e o objecto do *Direito Urbanístico* passa fundamentalmente pela regulação da cidade e do solo urbano, aspecto a que não é indiferente, bem pelo contrário, o planeamento urbanístico, advertindo, desde logo os alunos, que um correcto entendimento do que deve ser o Direito Urbanístico passa por uma visão estrutural (não operativa) do Plano Director Municipal. Advogando-se um regresso à cidade do direito urbanístico, a noção deste deverá defrontar-se igualmente com uma percepção cultural de cidade. Esta não é apenas o lugar do habitar, mas o próprio habitar [2].

A função do direito urbanístico deve ser precisamente a de assegurar que as *cidades* sejam *cidades,* com o seu *genius loci,* com a sua *vida* e personalidade próprias e não apenas um conjunto de construções [3].

Daí que o *habitar,* como o entendemos, nas suas dimensões estática e dinâmica, não seja rigorosamente o *habitar poético* de HEIDEGGER ou, originantemente, o de HÖLDERLIN [4], mas o habitar estética e culturalmente em consonância com o lugar, o habitar existencial, que exige o

---

[1] Sobre os problemas do objecto e da objectividade, cfr. a obra clássica de A. MEINONG, *Théorie de l'Objet et Présentation Personnelle,* tr. franc., Paris, 1999.

[2] P. STELLA RICHTER, "Necessità e possibilità della pianificazione urbanistica", in *Presente e futuro della pianificazione urbanistica,* Milano, 1999, p. 85.

[3] *Genius Loci. Paysage, Ambiance, Architecture,* Bruxelles, 1981, é o título do livro de NORBERG-SCHULZ, donde fomos retirar a importância do espírito do lugar como elemento definidor da cidade.

[4] COLAÇO ANTUNES, *O Procedimento Administrativo de Avaliação de Impacto Ambiental (Para uma Tutela Preventiva do Ambiente),* Coimbra, 1998, p. 4, nota 5.

Stimmumg [1], o estado de ânimo, a consonância subjectiva com o lugar. Estamos, assim, próximos daquilo a que HEIDEGGER chama de *Gelassenheit,* abandono e abertura simultaneamente. O *habitar* não é apenas o *estar* sob as estrelas, sob a *azulidade* do céu, sendo sobretudo essa capacidade de nos "determos sobre as coisas". O *habitar* é, assim, também o *permanecer* enquanto harmonia subjectiva com o lugar e o seu espírito. É o permanecer na vizinhança das coisas sem as dominar, pondo-se um pouco cobro ao mito da escola veneziana da *espera* como o *estar a caminho,* numa hiperconsciência da trágica impossibilidade do habitar autêntico [2]. Este é o caminho para a construção da casa e da *polis* do ser. O perigo não vem actualmente do imobilismo, mas de um desenvolvimento urbano demasiado rápido e pouco reflectido.

Por isso, o *projecto da cidade* (moderna) deve respeitar a cidade que temos, a cidade existente, a cidade histórica, projecto que deve iluminar previamente o plano urbanístico (por exemplo, Lisboa fez anteceder o plano urbanístico de um documento estratégico). Aqui aparece um outro problema, que se prende com a relação harmoniosa entre a cidade antiga (o que habitualmente se

---

[1] Esta ideia transparece claramente na metáfora "Roma cidade eterna", enquanto entidade psíquica. S. FREUD, *Das Unbehagen in der Kultur*, Wien, 1929, desperta-nos para a ideia do lugar na sua relação com a memória e a sobrevivência do passado. Veja-se também o estudo de F. CHOAY, "Riegl, Freud et les monuments historiques: pour une approche sociétale de la préservation", in *World Art, Acts of the XXVIth International Congress of the History of Art,* vol. III, London, 1989, p. 101 e ss, onde a autora é inclemente para com o que considera a dimensão patológica (narcísica) da protecção do património cultural dos nossos dias.

[2] COLAÇO ANTUNES, *O Procedimento Administrativo de Avaliação de Impacto Ambiental..., op. cit.,* pp. 740 e 741.

designa por "centro histórico") e a parte moderna da cidade, especialmente quando aquela não conheceu os estilos arquitectónicos dos últimos séculos, pelo que frequentemente se assiste a uma ruptura brutal entre os dois sectores da cidade. Crise projectual da cidade que inquina actualmente o direito urbanístico [1].

Num esforço de aproximação, diríamos que a *cidade* é sobretudo um conjunto de *modos,* de *formas* e de *relações* através das quais a sociedade se representa a si mesma. A sociedade moderna é substancialmente uma *sociedade urbana,* sem deixar de ser igualmente verdade para sociedades anteriores e até remotas [2]. Um dos problemas actuais do direito urbanístico é a extensão do seu objecto, a que, naturalmente, não é indiferente a planificação urbanística.

O que queremos evidenciar, como deixámos entender em páginas anteriores, é que somos subscritores de uma certa "contenção" planificatória, sem que tal queira significar a desnecessidade dos planos urbanísticos (referimo--nos aos Planos Municipais de Ordenamento do Território). A questão central é esta: antes de elaborar o plano urbanístico devemos interrogar-nos que *cidade queremos* [3]. Em suma, o direito urbanístico moderno deve perceber que a cidade é a expressão e a manifestação material da estética, das ideias, dos modos de vida e até dos desejos humanos, que se convertem em *práticas* em sen-

---

[1] ANTONINO TERRANOVA, *Le città & i progetti (Dai centri storici ai paesaggi metropolitani),* Roma, 1993, p. 19 e ss.

[2] E. SCANDURRA, *Città del terzo millenio,* Milano, 1997, p. 13.

[3] No Congresso da Werkbund de 1911, H. MUTHESIUS, no seu discurso, "Wo stehen wiz?", interrogava-se já sobre o tipo e a forma da cidade. Cfr. R. BANHAM, *Teoría y Diseño Arquitectónico en la Era de la Máquina,* Buenos Aires, 1971, p. 72.

68 Luís Filipe Colaço Antunes

tido foucaultiano (agentes da história e da vida). Talvez por isso possamos dizer com CALVINO *(A Cidade Invisível),* mas também com FERNANDO PESSOA (que detestava viajar, como se vê no seu *Livro do Desassossego),* que se a cidade é igual a qualquer outra, também é simultaneamente diversa de outra qualquer, pela simples razão de que ela é também uma abstracção, uma metáfora vivente que pode ser descrita e apreciada através de infinitos modos e representações.

Daí que não surpreenda a nossa visão doutrinária relativamente restrita do direito urbanístico, no encalce, aliás, de outros autores ilustres [1]. Todavia, isso não nos faz esquecer que a lei nos remete para compreensões bem mais amplas, quando o legislador repetidamente nos tem confrontado com a evidência de que os planos urbanísticos municipais (especialmente o Plano Director Municipal) são também planos de ordenamento do território (Decreto-Lei n.º 380/99, de 22 de Setembro, e já antes o Decreto-Lei n.º 69/90, de 2 de Março).

Assim, tendo presente que *omnis definitio periculosa est,* por direito urbanístico devemos entender essencialmente o conjunto de normas e institutos jurídicos que, no quadro das directivas e orientações definidas pelo direito do ordenamento do território, surgem destinados a promover o desenvolvimento e a conservação cultural da urbe (assumindo particular relevância a protecção dos centros históricos), concedendo apenas, por imposição legal, em relação a concepções ligeiramente mais amplas [2]. Da

---

[1] FREITAS DO AMARAL, "Ordenamento do território, urbanismo e ambiente: objecto, autonomia e distinções", in *Rev. Jur. Urb. Amb.,* n.º 1, 1994, p. 17.

[2] Cfr. ANTÓNIO CORDEIRO, *A Protecção de Terceiros em Face de Decisões Urbanísticas,* Coimbra, 1995, pp. 22 e 23. Veja-se, ainda,

conjugação das duas palavras – direito urbanístico – resulta, pois, que estamos perante a exposição de normas jurídicas particulares, segundo as quais se pode transformar o território (municipal), construir e reabilitar a cidade e ainda exercitar direitos, na medida em que a juridicidade do solo e respectiva ordenação é dada essencialmente pelas normas urbanísticas.

A particularidade deste ramo do Direito, pela sua fragmentariedade jurídica e administrativa, é que nele a descrição das leis urbanísticas é diferente da descrição do modo de ver e interpretar as normas urbanísticas e ainda da sua aplicação [1]. É o fenómeno que designamos por ponderação jurídico-subjectiva de pressões. A este realismo jurídico é preciso, todavia, contrapor e convocar todo o Direito e os seus princípios, por forma a que a aplicação das normas jurídicas urbanísticas coincida com a justiça. Daí que a mão e o espírito do jurista sejam tão relevantes neste ramo do Direito, até porque a função administrativa urbanística deve assumir aqui uma tonalidade profundamente proporcionalística (artigo 266.º/2 da C.R.P. e artigo 5.º/2 do C.P.A.).

Se a sociedade é plural e conflitual, não pode afastar-se do núcleo duro do direito urbanístico a ponderação e a hierarquização dos interesses (públicos e privados) que se manifestam na vertente procedimental e estática da planificação urbanística, sem deixar de se reflectir no acto autorizativo pertinente à utilização e transformação do solo.

Nesta senda discursiva, no objecto do direito urbanístico cabe(m) naturalmente o(s) plano(s), mas também as

---

ALVES CORREIA, *Estudos de Direito do Urbanismo, op. cit.,* pp. 16 e 17, nota 3.

[1] F. SPANTIGATI, *Diritto urbanistico,* Padova, 1990, p. 3.

normas jurídicas sobre a ocupação, uso e transformação do solo. Depois, vem naturalmente o regime jurídico do solo e o direito-dever de edificar, no respeito das zonas verdes, para incluir também os instrumentos de gestão urbanística e o direito administrativo da construção.

Em síntese, o direito urbanístico não se reduz a um direito do planeamento urbanístico, incluindo muitas outras realidades urbanísticas, como a construção, o loteamento ou a expropriação urbanística (por utilidade pública) [1].

Acresce que as transformações, que legislativamente o direito urbanístico tem vindo a sofrer, conduziram a que a *planificação urbanística,* em particular o Plano Director Municipal (artigo 3.°/2 do Decreto-Lei n.° 380/99, de 22 de Setembro e artigo 11.°/2 da Lei n.° 48/98, de 11 de Agosto, que estabelece as Bases da Política de Ordenamento do Território e de Urbanismo), *conforme* excessivamente a propriedade, convertendo-se em fonte de direito de primeiríssimo relevo no que toca à definição do conteúdo do direito de propriedade e não apenas dos seus limites. Por sua vez, a "licença de construção" deixou de ser apenas uma autorização para o exercício de um direito, para passar a constituir também uma espécie de controlo sobre o próprio exercício do poder público [2].

No que toca à *natureza* do direito urbanístico, tal como acontece com o direito do ambiente (e esta é uma das particularidades da disciplina curricular do Curso de Direito da Universidade do Minho, ao envolver *duas disciplinas científicas*), consideramo-lo(s) ramo(s) autónomo(s)

---

[1] FREITAS DO AMARAL, *op. cit.,* p. 18.

[2] F. SPANTIGATI, "Le categorie giuridiche necessarie per lo studio del diritto dell'ambiente", in *Riv. Guir. Amb.,* n.° 2, 1999, p. 222.

do direito. Não vamos desenvolver aqui as razões já expostas por outros autores [1], mas sempre diremos que para tal classificação do direito urbanístico concorrem vários argumentos como o edificar de um *corpus* teórico, legislativo e de princípios próprios e distintos, uma organização administrativa diferenciada, objectos específicos, sem esquecer que na Constituição (por exemplo, artigos 65.° e 66.°) estas matérias surgem autonomizadas.

Por sua vez, com a revisão constitucional de 1997, a Lei Fundamental contempla e "reforça" (sem pôr em causa a sua complementaridade) a distinção entre ordenamento do território e urbanismo, como é manifesto nos artigos 65.°/4, 165.°/1/z) e 228.°/g) [2]. Tal distinção não invalida uma concorrência de atribuições e competências entre a Administração estatal, regional (das regiões autónomas) e municipal, em consonância com o facto de se tratarem de domínios onde estão envolvidos interesses gerais, estatais, regionais e locais.

Cabe ainda reconhecer uma substantividade própria ao Direito Urbanístico que, não se bastando na matização de princípios e institutos do Direito Administrativo, assume contornos inovadores e diferenciadores. Desde logo, a autonomia e a relevância do plano urbanístico, que constitui, aliás, uma singularidade especial na ciência do direito, bem como de princípios como o da discricionaridade ou da igualdade. Surgem ainda debaixo dos nossos olhos novos institutos e matérias e toda uma outra modelação da expropriação urbanística, nomeadamente a expropriação do plano. Depois, é toda a complexidade e

---

[1] FREITAS DO AMARAL, *op. cit.*, p. 12.

[2] Cfr. ALVES CORREIA, "Evolução do direito do urbanismo em Portugal em 1997-1998", in *B.F.D.U.C.*, vol. LXXIV, 1998, p. 684 e ss.

originalidade das suas fontes, com predomínio das fontes infralegislativas, a volubilidade e infixidez das suas normas, além da sua natureza desigualitária e discriminatória (planos). Por outras palavras, é toda uma substancial *incoincidência normativa,* relativamente ao Direito Administrativo, que nos revela a sua dimensão autónoma como ramo do direito [1].

Por outro lado, urbanismo e ambiente consubstanciam tarefas diferentes que se materializam em outras tantas políticas públicas [2]. O que a Constituição estabelece, a meu ver bem, é a relação fundante destas matérias no e com o direito do ordenamento do território – o solo – como elemento integrante [3], o que de certa forma se plasmou na actual orgânica do Governo (Decreto-Lei n.º 474-A/99, de 8 de Novembro, posteriormente alterado pelo Decreto-Lei n.º 267-A/2000, de 20 de Outubro e pelo Decreto-Lei n.º 116/2001, de 17 de Abril) e do Ministério do Ambiente e do Ordenamento do Território – Decreto-Lei n.º 120/2000, de 4 de Julho. A Lei de Bases da Política de Ordenamento do Território e de Urbanismo (Lei n.º 48/98, de 11 de Agosto) e o Decreto-Lei n.º 380/99, de 22 de Setembro, apontam, apesar de tudo (conforme a nossa perspectiva teórica), para uma noção ampla de urbanismo ou para uma certa indistinção deste em relação ao ordenamento do território.

Sendo as coisas assim, tal não nos deve fazer esquecer a relação humilde e o amparo decisivo de outros ramos

---

[1] Com uma argumentação semelhante, mas com outras conclusões, ALVES CORREIA, *O Plano Urbanístico..., op. cit.,* p. 53 e ss.

[2] FREITAS DO AMARAL, *op. cit.,* p. 13.

[3] J. L. AVILA ORIVE, *El Suelo como Elemento Ambiental (Perspectiva territorial y urbanística),* Bilbao, 1998, pp. 221 e ss, e 231 e ss.

do direito, particularmente do direito administrativo [1]. As razões são óbvias (natureza das relações e instrumentos jurídicos), pelo que não carecem de ser desenvolvidas, razões, aliás, que levam alguns autores a considerar o direito urbanístico e o direito do ambiente como direito administrativo especial [2].

A nossa perspectiva nesta questão é não só a de confeccionar estes novos saberes jurídicos como (novos) ramos autónomos de Direito, mas também a de lhes reconhecer a delicada missão de renovar alguns institutos clássicos do direito administrativo. O contributo decisivo do direito urbanístico, e especialmente do direito do ambiente, será (também) o de contribuir para o retorno à "sacralidade" (pública) do direito administrativo, sob pena de este se esvair na secularidade das regras do *ius civile* – fuga para o direito privado... [3].

3. O ponto seguinte refere-se à distinção, que já se foi delineando antes, entre o direito urbanístico e outras disciplinas jurídicas próximas, com destaque para o direito do ordenamento do território, o direito do ambiente e o direito do património cultural.

Como deixámos assinalado, o direito matriz, fundante e enformador do direito urbanístico e do direito do ambiente é o direito do ordenamento do território. Não há

---

[1] Para o direito do ambiente, GOMES CANOTILHO, "Jurisdição da ecologia ou ecologização do Direito", in *Rev. Jur. Urb. Amb.*, n.º 4, 1995, pp. 75 e 76.

[2] Assim, ALVES CORREIA, *Estudos de Direito do Urbanismo*, *op. cit.*, pp. 36 e 37.

[3] COLAÇO ANTUNES, *Para um Direito Administrativo de Garantia do Cidadão e da Administração...*, *op. cit.*, p. 99 e ss.

seriamente urbanismo e ambiente sem um prévio e adequado ordenamento do território, ainda que não vigore no ordenamento jurídico o princípio da necessidade entre os vários níveis de planificação territorial. No que toca à relação com o direito urbanístico, parece-nos indesmentível, por óbvias razões doutrinais e legais (são os Planos Municipais de Ordenamento do Território que têm de se compatibilizar com os planos superiores, nomeadamente com os Planos Regionais de Ordenamento do Território e não o inverso – artigos 23.º e 24.º do Decreto-Lei n.º 380/99, de 22 de Setembro), que este Direito é naturalmente o prolongamento e o desenvolvimento do Direito do ordenamento do território. Sendo disciplinas científicas de proximidade e de vizinhança, não se pode, porém, questionar o primado do direito do ordenamento do território. Sem uma política desta natureza e nível não nos parece que possa existir um desenvolvimento sustentado do urbanismo e uma tutela adequada do ambiente, apesar das sobreposições assinaladas pela doutrina [1] e mesmo na lei (artigo 27.º da Lei n.º 11/87, de 7 de Abril). O problema originante é *onde* e *como* construir *o quê* e *para quê*.

Se as relações diferenciais entre o direito do ordenamento do território e o direito urbanístico se detectam facilmente em diferentes objectivos e âmbito (mais amplo e centralizador o primeiro), já as relações com o direito do ambiente são mais difíceis de observar. Isto é assim porque o direito do ordenamento do território se tem vindo progressivamente a tornar mais verdejante, absorvendo preocupações mais vincadamente ambientais [2]. Já o

---

[1] FREITAS DO AMARAL, *op. cit.*, pp. 15 e 16.

[2] Já vai longínqua a definição do Ministro francês Claudius Petit (1950), segundo o qual "o ordenamento do território é a procura, no quadro geográfico da França, de uma melhor repartição dos

direito do ambiente é um direito que se delineia e se desenvolve através de círculos concêntricos [1] que tocam, sem qualquer imperialismo verde, outros ramos do direito. Acresce ainda a sua natureza transversal, o que permite que a função pública ambiental atravesse global e horizontalmente as políticas sectoriais [2].

No que tange às relações entre o direito urbanístico e o direito do ambiente, apesar de também aqui se verificarem sobreposições, nota-se uma crescente influência da primeira pela segunda disciplina científica, com ênfase para a noção de ambiente urbano. É hoje indesmentível que muitas das normas urbanísticas, incluindo os planos, têm preocupações ambientais e não apenas indirectas [3].

Na nossa perspectiva, julgamos que os contornos e as diferenças entre as duas disciplinas científicas se situam ainda a outros níveis.

Para além de diferentes organizações administrativas (agora mais ténues, tal como acontece em relação ao direito do ordenamento do território), objectos e até remédios jurisdicionais, a essência da sua distinção está nas categorias jurídicas com que operam. Se no direito urbanístico pontificam essencialmente o plano, o direito de propriedade e a licença ou autorização de construção, já no direito do ambiente as categorias jurídicas são outras. São outras porque precisamente o direito do ambiente é um

---

homens em função dos recursos naturais e das actividades económicas". Cfr. FREITAS DO AMARAL, *op. cit.*, p. 13 e ss. Cfr. ainda os artigos 8.º e ss, e 26.º e ss, e, especialmente, os artigos 28.º/1/a), c) e f), 42.º e ss e 51.º e ss do Decreto-Lei n.º 380/99, de 22 de Setembro.

[1] M. PRIEUR, *Droit de l'Environnement*, Paris, 1996, p. 7.

[2] Cfr. o artigo 66.º/ 2/ f) da C.R.P. e o artigo 6.º do T.C.E..

[3] Cfr., por exemplo, os artigos 85.º/ c), 88.º/ a) e 91.º/1/ a), todos do Decreto-Lei n.º 380/99, de 22 de Setembro.

direito existencial (o desacordo dilacerante do homem e do seu agir com a natureza), que pretende proteger o mundo vital do homem e dos seus companheiros da vida.

As categorias jurídicas do ambiente são fundamentalmente o ambiente como bem jurídico, como direito fundamental e como valor constitucional. Para que o direito do ambiente exista e actue deve usar conceitos (abandonando a retórica pandectística) que permitam construir novos dogmas jurídicos, tendo como referência primeira a tutela *na* e *pela* Constituição do valor ambiente.

Mas isto pode não bastar, pelo que se impõe frequentemente ao intérprete a renovação de conceitos como o de propriedade (teoria da dominialidade pública) [1], de património comum, sujeito jurídico (importância da plurisubjectividade), de interesse público (polissemia), reconstrução do conceito de domínio eminente ou mesmo a relação que intercede entre a lei e a definição de interesse público. Recorde-se que o direito do ambiente é fundamentalmente um direito procedimental e preventivo, face à natureza objectivamente infungível dos bens ambientais.

No que tange ao direito do ambiente impõem-se mais algumas considerações.

Navegando pelo ordenamento jurídico, deparamos imediatamente com uma dificuldade: a indeterminação da noção jurídica de ambiente. Falar de ambiente não pode significar *reflectir sobre tudo,* dissolvendo o conceito de ambiente na noção de qualidade de vida (sobretudo se entendida em sentido amplo, como bem-estar). Este é, aliás, um dos equívocos do legislador constitucional

---

[1] COLAÇO ANTUNES, *A Tutela dos Interesses Difusos em Direito Administrativo (Para uma Legitimação Procedimental),* Coimbra, 1989, pp. 35 e ss, e 65 e ss.

(artigo 66.° da C.R.P.) e do legislador ordinário (artigo 5.°/ 2/ a) da Lei n.° 11/87, de 7 de Abril). Para isso impor--se-ia a convocação *demoplenariocrática* de muitos outros direitos – habitação, saúde, educação, segurança social, trabalho... – num claro prejuízo dos contornos ecológicos e existenciais da noção de ambiente [1].

Se nas esclarecedoras palavras de VON HIPPEL [2], a noção de qualidade de vida integra a ideia de um objectivo superior, já a nível constitucional (artigo 66.°) parece garantir, fundamentalmente, o enquadramento ecológico da existência humana.

Imprestável é igualmente a noção restritiva de ambiente, que não andaria longe da sua identificação com a natureza – bens naturais [3]. Ora, como sabemos, já não existem enclaves próximos da natureza.

Por ambiente devemos então entender o conjunto de bens naturais e culturais relevantes para a qualidade de vida *ecológica e existencial* da pessoa humana. Neste sentido, o ambiente deve ser considerado um *bem imaterial,* na medida em que, como bem cultural, tem ínsita a noção de valor. Sem o envolvimento ambiental e a sua preservação, o homem cairia numa crise de "desrealização" [4], em crise de identidade.

Apoiados numa concepção publicístico-penalista de bem jurídico (*Rechtsgut*), sustentaríamos uma concepção

---

[1] COLAÇO ANTUNES, "Para uma noção jurídica de ambiente", in *Scientia Iuridica*, n.os 235-237, 1992, p. 78.

[2] VON HIPPEL, "Grundfragen der Rechtspolitik", in *Juristen Zeitung*, n.° 21, 1984, p. 953.

[3] GOMES CANOTILHO, "Procedimento administrativo e defesa do ambiente", in *Rev. Leg. Jur.*, ano 123, n.° 3799, 1991, p. 290.

[4] A expressão é de BAPTISTA MACHADO, *Introdução ao Direito e ao Discurso Legitimador,* Coimbra, 1990, p. 11.

unitária de ambiente (uma espécie de *universitas rerum*), por contraposição à concepção pluralista de GIANNINI, num esforço evidente de conceptualizar o ambiente como bem público, com inegáveis repercussões, entre outras, ao nível da compressão dos direitos fundamentais de raiz proprietarista e possessiva e da tutela jurisdicional (*unidade* de jurisdição e não *dualidade* de jurisdições). Ao contrário do entendimento do legislador (artigos 42.º e 45.º da Lei nº 11/87, de 7 de Abril), pensamos que o juiz natural da tutela do ambiente, como bem público, é o juiz administrativo (artigo 212.º/3 da C.R.P.) [1].

Concebida a noção jurídica de ambiente, diríamos então que o Direito do Ambiente vem a constituir o conjunto de normas e institutos jurídicos que se destinam a regular e a proteger, de forma planificadora, conformadora, preventiva e promocional o ambiente natural e humano dos efeitos nocivos resultantes do processo civilizacional [2].

O direito do ambiente (como novo ramo do saber jurídico) não pode, todavia, ignorar os clássicos esquemas tipológicos da actividade administrativa: *intervenção, prestação e planificação*. Logo, de um ponto de vista funcional, é possível avistar facilmente *um princípio de tutela preventiva, repressiva e ressarcitória* do ambiente e, finalmente, uma tutela conformadora e promocional pros-

---

[1] COLAÇO ANTUNES, "O direito do ambiente como direito da complexidade", in *Rev. Jur. Urb. Amb.*, n.º 10, 1998, p. 40. No mesmo sentido, VIEIRA DE ANDRADE, *A Justiça Administrativa (Lições)*, 3.ª ed., Coimbra, 2000, p. 34.

Cfr. a Lei n.º 13/2002, de 19 de Fevereiro (artigo 6.º), correspondente ao novo Estatuto dos Tribunais Administrativos e Fiscais.

[2] COLAÇO ANTUNES, "Para uma noção jurídica de ambiente", *op. cit.*, p. 79.

seguida pelo uso razoável do princípio da ponderação e hierarquização dos direitos fundamentais e dos interesses juridicamente relevantes, revitalizando-se também o direito de polícia. Afasta-se, assim, uma teoria da petrificação *(Versteinerungstheorie)* dos direitos fundamentais [1].

De todo o modo, o direito do ambiente, se pretende atingir a maioridade pedagógica e científica, não pode prescindir de uma *tutela vital e imediata do ambiente,* afastando-se a concepção antropocêntrica, por excessiva, da Lei de Bases do Ambiente (Lei n.º 11/87, de 7 de Abril).

Uma outra disciplina científica que desponta e interfere no direito urbanístico é o direito da construção (a importância de saber conciliar a estética da forma com a ética da concepção) [2] e, sobretudo, o direito do património cultural (apesar da sua crescente autonomização), constituindo, todos juntos, uma clara manifestação do Estado de Direito Cultural (ou Estado-de-Cultura). Antes de desenvolvermos este (último) aspecto, importa dar conta das dificuldades que se prendem com a temática do direito do património cultural.

As dificuldades surgem logo com a conceptualização das noções de *bem cultural* e de *património cultural*, conceitos que crescentemente se têm mantido complexos, vagos, multívocos e trans-historicamente variáveis [3].

---

[1] COLAÇO ANTUNES, "O direito do ambiente como direito da complexidade", *op. cit.,* p. 42.

[2] Neste sentido, o belo estudo de R. CLÉMENT, *L'Esthétique de Schopenhauer,* Paris, 1969, pp. 20 e ss, e 68.

[3] M. CORNU, *Le Droit Culturel des Biens (L'intérêt culturel juridiquement protégé),* Bruxelles, 1996, p. 26 e ss; cfr. ainda a obra clássica de T. ALIBRANDI/P. FERRI, *I beni culturali e ambientali,* Milano, 1995. Entre nós é de destacar o Curso realizado pelo I.N.A. em 1996 – *Direito do Património Cultural* – numa análise constante da Lei n.º 13/85, de 6 de Julho. Veja-se, recentemente, CASALTA

O conceito de património cultural tem vindo a alargar-se, semanticamente e ao nível do objecto, ao ponto de incluir uma diversidade de tipos de bens culturais (materiais e imateriais, artigo 2.º da Lei n.º 107/2001, de 8 de Setembro – que estabelece as bases da política e do regime de protecção e valorização do património cultural), a que não é alheia uma política cultural atenta à emergente procura do património, nascida da nostalgia do passado. Isto é particularmente interessante e curioso numa época descerebrada como a nossa. Esta coabitação deve-se a boas razões, mas também a razões não tão boas. Com efeito, esta nova política cultural pode não produzir os efeitos pretendidos se não se fizer o esforço de abandonar uma concepção que aponta para a musealização e petrificação dos espaços histórico-culturais, como é visível até na sinalética estradal (Coimbra, cidade-museu). O risco da repetição e da banalização é enorme, desfigurando inclusive o *genius loci*.

Em extrema síntese, a evolução diacrónica do direito do património cultural passou de uma perspectiva isolada, tutela do monumento [1], a uma tutela dos bens histórico-culturais; dos monumentos isolados ao enquadramento urbanístico (reabilitação dos centros históricos); da sectorialização do ordenamento à globalização da ordem jurídica urbanística e ambiental. Retorno das perspectivas histórico-artísticas restauradoras (artigos 9.º a 13.º da Carta de Veneza), passando pelas escolas *estilísticas*

NABAIS, "Noção e âmbito do direito do património cultural", in *CEDOUA,* n.º 2, 2000, p. 11 e ss.

Sobre a poligamia semântica do conceito de *património cultural,* cfr. P.-L. FRIER, *Droit du Patrimoine Culturel,* Paris, 1997, p. 15 e ss.

[1] A. RIEGL, *Le Culte Moderne des Monuments (Son essence et sa genèse),* tr. francesa, Paris, 1984, p. 63 e ss.

(VIOLLET-LE-DUC) e *anti-restauradoras* (J. RUSKIN) que, com ligeiros matizes, chegaram aos nossos dias, até à sua integração numa política cultural, urbanística e ambiental. Da protecção dos bens culturais, como legado espiritual e herança cultural, à preservação do ambiente como espaço existencial de realização humana. Aqui, a relação com o direito urbanístico, bem como com o direito do ambiente, é particularmente viva, na medida em que a protecção desta categoria de bens não só define o espírito e a personalidade de uma cidade, do *habitar,* do que fomos e somos, como a preservação dos espaços culturais se faz em conjugação com a permanência de determinados elementos telúricos (ambientais e paisagísticos – a paisagem como elemento estético do urbanismo e do ambiente), em obséquio não só à memória e ao passado, mas também e sobretudo à nossa realidade ontológica última [1].

Apesar das distinções operadas, os vários saberes jurídicos referenciados são a manifestação do que designámos por *Constituição Cultural* ou *Estado de Direito Cultural* (artigos 2.º, 9.º/ d), e), 42.º, 43.º, 60.º, 65.º, 66.º, 73.º e 78.º). Em substância, aponta-se aqui para a superação da *epistemologia do domínio,* com enorme expressão na época moderna, materializada na separação (cartesiana) cortante entre a *res cogitans* e a *res extensa* [2].

---

[1] F. CHOAY, *L'Allégorie du Patrimoine*, Paris, 1996, p. 121 e ss.

Propendemos, assim, para uma consideração unificante do património cultural e natural. Cfr. COLAÇO ANTUNES, *O Procedimento Administrativo de Avaliação de Impacto Ambiental..., op. cit.,* p. 53 e ss. Já a proposta de Lei n.º 228/VII (pertinente à nova Lei de Bases do Património Cultural) parece perfilhar uma noção restrita de património cultural. Veja-se, agora, de forma não inteiramente coincidente, a Lei n.º 107/2001, de 8 de Setembro.

[2] Y. THOMAS, "Res, chose et patrimoine", in *Arch. Phil. Droit,* n.º 25, p. 415.

Para esta percepção contribui também o direito administrativo da construção, enformador e constituinte, inclusive, do *öffentliches Baurecht* (direito urbanístico), que não se resume agora à estética, salubridade ou segurança das construções, englobando igualmente preocupações pertinentes à privacidade, luminosidade e conforto das habitações.

O que se insinua pedagogicamente é uma *epistemologia da convivialidade* entre as várias disciplinas científicas e, por conseguinte, entre o homem e o objecto, seja este um bem ambiental, uma cidade ou uma fracção desta. Porque, como diz CARBONNIER [1], tudo é património (cultural) e este é um todo relacional incindível entre o sujeito e o real. Impõe-se, assim, superar a relação metafísica entre o sujeito e o objecto, que ainda hoje marca a concepção do Direito.

A Constituição cultural insinua mesmo o regresso a uma visão cósmica do Direito, que implica o retorno a uma ordem jurídica capaz de exprimir harmoniosamente a relação entre o homem e o mundo que o rodeia [2].

Pretendemos com isto, não só sensibilizar o aluno para uma percepção constitucional-cultural do direito urbanístico, mas também chamar a atenção para a importância inspiradora do pensamento filosófico do idealismo alemão (como HERDER, FICHTE, KANT, SCHILLER e GOETHE) [3] e, sobretudo, para o pensamento juspublicista

---

[1] J. CARBONNIER, *Droit Civil. Les Biens,* II, Paris, 1957, p. 110 e ss.

[2] Neste sentido, M. VILLEY, "Law in Things", in P. AMSELEK e N. MACORMICK (coords), *Controversies About Law's Ontology,* Edinburgh, 1991, pp. 11 e 12.

[3] Segundo GOETHE, natureza e arte parecem reunir-se continuamente e, antes que o pensemos, já se voltaram a encontrar ou, como diz MIRÓ, "O meu trabalho é como o de um jardineiro".

moderno, onde se destaca HÄBERLE com a sua *Teoria da Constituição como Ciência da Cultura* [1] e, já antes, HÜBER, cujo ensinamento parece apontar (à semelhança de expressões como Estado Social de Direito, Estado de Direito democrático) para o reconhecimento constitucional implícito-explícito da noção de Estado-de-Direito-de-Cultura, considerando que o princípio do Estado de Direito Cultural vincula as entidades públicas e privadas. Não se pense, portanto, que na economia da linguagem constitucional há espaço para qualquer tipo de *flatus vocis* ou *overlapping conceptual.*

Todas estas normas constitucionais – direito fundamental à cultura, normas-tarefa, normas impositivas de uma política cultural e o dever jurídico-constitucional de protecção do património cultural – configuram um *Estado de Direito Cultural,* uma Constituição Cultural que a todos obriga e sensibiliza [2].

Nesta perspectiva, a acção popular administrativa (Lei n.° 83/95, de 31 de Agosto, artigo 12.°/1 e seguintes) deverá ser utilizada para a protecção preventiva do património cultural (Lei n.° 13/85, de 6 de Julho, artigo 59.°, revogada pela Lei n.° 107/2001, de 8 de Setembro (artigo 9.°/2)), sob a forma de acção para o reconhecimento de direitos (quando não estejam em jogo apenas interesses ou direitos próprios) ou de recurso contencioso de anulação, quando estão em causa actuações administrativas ilegais,

---

[1] P. HÄBERLE, *Teoría de la Constitución como Ciencia de la Cultura,* tr. esp., Madrid, 2000, p. 28 e ss.

[2] Sobre o conceito de Estado de Cultura e respectiva expressão no texto constitucional, cfr. JORGE MIRANDA, "O património cultural e a Constituição – tópicos", in *Direito do Património Cultural,* Oeiras, 1996, p. 253 e ss. Numa óptica comparatística, cfr. P. HÄBERLE, "La protección constitucional y universal de los bienes culturales: un análisis comparativo", in *Rev. Esp. Der. Const.,* n.° 54, 1998, p. 10 e ss.

portanto, lesivas dos chamados interesses e bens de fruição difusa, de natureza plurisubjectiva, existencial e altruísta.

4. O quarto ponto do Programa reporta-se à organização administrativa do urbanismo, aspecto já tocado anteriormente [1].

Pretendendo o direito urbanístico realizar determinados fins do Estado, em sentido amplo (artigo 65.º da C.R.P.), e revelando uma importância dogmática, político-legislativa e social crescente na sociedade hodierna, tornou-se como que natural a criação de uma organização administrativa não só própria como de considerável envergadura, que se tem revelado mutável ao longo do tempo. Administração do urbanismo que tem como incumbência fundamental realizar o interesse público urbanístico, sem prejuízo (até com algum benefício) de uma certa miscigenação com as funções administrativas reportadas ao ordenamento do território e à tutela do ambiente. É precisamente o entendimento do urbanismo como função pública, que legitima a existência da sua organização administrativa [2]. Curioso é notar que a desregulamentação que tem caracterizado a actuação do Estado nas últimas décadas não atingiu estes domínios, verificando-se até um

---

[1] Cfr., nomeadamente, o Decreto-Lei n.º 120/2000, de 4 de Julho (Lei orgânica do Ministério do Ambiente e do Ordenamento do Território), onde o novo Ministério recebe e integra boa parte dos serviços e organismos até aí compreendidos no Ministério do Ambiente (à excepção do Instituto de Meteorologia) e no igualmente desaparecido Ministério do Equipamento, do Planeamento e da Administração do Território.

[2] Neste sentido, ALVES CORREIA, *Estudos de Direito do Urbanismo, op. cit.*, p. 108 e ss.

Conteúdo Programático – Capítulo I   85

crescimento da sua importância política, administrativa e legislativa. A actual Administração constitutiva e conformadora tem tido nestas matérias um campo de plena afirmação, apesar dos ventos neo-liberais que sopram ainda nos dias de hoje.

Outro dos aspectos que me parece identificar a Administração do urbanismo, com funções de planeamento, gestão e controlo das actividades privadas com repercussões na ocupação, uso e transformação do solo, é a sua estrutura procedimental e participativa, onde confluem uma pluralidade de interesses públicos e privados. Estão em causa interesses de âmbito e relevância estatal, regional e local, cuja realização e compatibilização convoca e exige um aparelho administrativo e uma estrutura de serviços que têm (a vários níveis) atribuições directas e activas nos domínios em referência, além de uma organização administrativa especial ditada pela integração comunitária.

Chama-se igualmente a atenção para a crescente, embora nem sempre linear, natureza descentralizada e mesmo autónoma da Administração nestas matérias (artigos 6.º, 235.º e 237.º da C.R.P.), bem como a natureza frequentemente regulamentar das normas utilizadas pelas entidades que integram a Administração Pública deste ramo autónomo do saber jurídico. Se este tipo de organização administrativa pode apresentar vantagens no que toca à sua flexibilidade e adaptação permanente à realidade, não deixa de ser verdade a necessidade e a garantia de coordenação de todas as entidades públicas com atribuições nestes domínios, sob pena de uma excessiva fragmentação administrativa [1],

---

[1] COLAÇO ANTUNES, "A fragmentação do Direito Administrativo: Do mito da caverna à utopia da vivenda", in *Rev. Jur. Urb. Amb.*,

paralisante da consecução dos interesses públicos em causa. Coordenação [1] entre sujeitos de direito público ainda mais premente face à flexibilidade que rege actualmente a relação entre os vários instrumentos de gestão territorial (artigo 5.º/ c) da Lei n.º 48/98, de 11 de Agosto e artigos 20.º a 24.º do Decreto-Lei n.º 380/99, de 22 de Setembro).

5. No ponto seguinte do Capítulo Introdutório, abordaremos algumas técnicas urbanísticas (pela sua longevidade e actualidade), pondo o acento tónico na evolução do direito urbanístico (na *Polis*) e na sua inter-relação com aquelas técnicas [2]. Pensamos que a história significativa do direito urbanístico passa essencialmente por aqui, chamando a atenção das particularidades do devir do direito urbanístico português. Trata-se, agora, de lançar as amarras com o que vem a seguir – o direito urbanístico e a análise dos seus principais institutos jurídicos [3].

Esta peregrinação pela história do urbanismo e do seu direito deve ajudar-nos ainda a responder à pergunta já anteriormente formulada: em que cidade queremos viver? Será que queremos esta forma de disneylandização urbana a que chamamos cidade (moderna)? A fuga à cidade não é alternativa, porque

---

n.ᵒˢ 5/6, 1996, p. 294 e ss, onde se assinala o fenómeno preocupante da *ilegalidade de massas.*

[1] Assim, J. MORAND-DEVILLER, *Droit de l'Urbanisme*, Paris, 1998, p. 12.

[2] ALVES CORREIA, *O Plano Urbanístico...*, op. cit., p. 26 e ss.

[3] CHARLES DELFANTE, *Grande Histoire de la Ville – De la Mésopotamie aux États-Unis,* Paris, 1997, esp. a pp. 304 e ss.

aquilo a que chamamos *campo* apresenta-se insistentemente uniforme e urbanizado. Trata-se, cada vez mais, de uma utopia negativa.

Da história das cidades, bem como das principais técnicas urbanísticas anteriormente referidas, sobressai frequentemente a ideia de que as várias fases de transição do direito urbanístico são marcadas por algumas rupturas relativamente às precedentes formas urbanas, como é particularmente visível na passagem do burgo medieval à cidade industrial.

Na verdade, sociedades e cidades houve, pense-se nos Incas ou no Egipto, na Grécia ou em Roma, cujo esplendor a todos comove e que rapidamente se desmoronaram, deixando atrás de si ruínas e barbáries. A evolução da cidade e do direito urbanístico foi tudo menos linear, antes apresentando fracturas e realidades descontínuas a que não é indiferente a própria evolução das sociedades em que se inserem. Neste sentido, não deixa de ser curioso que algumas das cidades mais monumentais da Península Ibérica não exibam nos séculos XVII e XVIII, e mesmo nos séculos seguintes, a grandeza dos vestígios arquitectónico-artísticos de séculos anteriores.

No que toca à longevidade do direito português do urbanismo não deixamos de notar alguns dos momentos nacionais sensíveis da sua afirmação. Realça-se, assim, o período da Baixa Idade Média, momento originante de uma tradição municipalista que não só se mantém como constitui uma nota característica do urbanismo actual. No século XVIII irrompe a importância do plano urbanístico, em consequência do terramoto de 1 de Novembro de 1755, que destruiu boa parte da baixa da cidade de Lisboa. O século XIX (curiosamente) é testemunho da afirmação de limitações relevantes à liberdade de edificação, de inspiração municipal, como é patente nos vários Códigos Administrativos posteriores à revolução liberal de 1820 [1].

Da história do direito urbanístico faz parte também a história do contencioso administrativo, com as suas diferenças entre o contencioso da Administração Local e o contencioso da Administração Central. Diferenças que perduraram até aos nossos dias, quer quanto ao regime processual (artigo 24.° da L.P.T.A.), quer em aspectos relativos ao âmbito e à distribuição da competência no contencioso das normas regulamentares (artigos 40.°/ c) e 51.°/1/ e) do E.T.A.F.) [2]. De há pelo menos cento e cinquenta anos para cá, os célebres caixotes culturais que vinham de Paris não foram indiferentes ao nascimento e evolução da justiça administrativa portuguesa.

Em matéria de planificação urbanística, os instrumentos dominantes foram os planos de alinhamento e os planos gerais de melhoramento nas cidades do Porto e de Lisboa, bem como de outros aglomerados urbanos. A primeira legislação com contornos verdadeiramente sanitários, a observar na construção de edifícios, surge com o Regulamento de Salubridade das Edificações Urbanas, de 14 de Fevereiro de 1903, o que julgamos dever-se às peculiaridades do nosso século XIX e ao atraso do processo de industrialização do país [3]. Em vez de uma distribuição da

---

[1] ALVES CORREIA, *O Plano Urbanístico..., op. cit.,* p. 123 e ss; cfr. ainda FERNANDO CONDESSO, *Direito do Urbanismo (Noções Fundamentais),* Lisboa, 1999, p. 132 e ss.

[2] Tal como a Lei n.° 13/2002, de 19 de Fevereiro, que aprovou o novo Estatuto dos Tribunais Administrativos e Fiscais, a Lei n.° 15/2002, de 22 de Fevereiro, aprovou igualmente o novo Código de Processo nos Tribunais Administrativos, diplomas que vieram introduzir alterações profundas na nossa justiça administrativa.

[3] Tendo presente a história global do direito urbanístico, a primeira regulamentação urbanística do fenómeno habitacional pode ver-se no *Public Health Act,* de 31 de Agosto de 1848 (Reino Unido),

propriedade fundiária, como sucedeu em França, veri-ficou-se uma concentração da terra na posse da burguesia financeira, que aproveitou as benesses da alienação em hasta pública de mais de quinhentos conventos. Esta forma particular de revolução liberal não será, segundo cremos, alheia à manutenção de uma mentalidade bucó-lica e agrária (hoje poderíamos apelidá-la de ecológica) que permaneceu praticamente até aos nossos dias, com refrac-ções literárias significativas (*neogarrettismo* que parece ser exactamente o inverso do seu modelo originante).

Com uma perspectiva histórica do direito urbanístico, pretende-se, pedagogicamente, que o aluno tome cons-ciência da realidade sócio-cultural que constitui o Direito Urbanístico. Tendo presente que não há presente nem futuro sem passado, a história do direito urbanístico revela-nos ainda a nossa identidade cultural e sensibiliza--nos para a conservação da memória urbana plasmada nos centros históricos e nos centros antigos. É precisamente este passado-presente a preservar que, tantas vezes, ao remeter-nos para os nossos momentos originantes histó-rico-culturais-greco-romanos, nos ensina, por exemplo, a actualidade do direito de polícia administrativa ao estu-darmos as *insulae* romanas.

Quanto a este século, a sua referência será feita em conjugação com o estudo do direito actual.

A *fechar* o Capítulo introdutório, abordamos as pers-pectivas e os horizontes europeus do Direito Urbanístico. Parece-nos essencial este olhar sobre as instâncias jurí-

---

seguindo-se-lhe, entre outros exemplos, a lei urbanística francesa, de 1850, e o regulamento de polícia de Berlim, de 1853. Cfr. N. ASSINI, *Pianificazioni urbanistica e governo del territorio*, volume trentesimo do *Trattato di Diritto Amministrativo* (coord. por G. SANTANIELLO), Padova, 2000, p. 6.

dicas internacionais e supranacionais, vista a sua capacidade enformadora e propulsiva dos ordenamentos nacionais.

Não cabe dúvida, como denota a experiência comparada, que uma progressiva unificação (e mesmo codificação) do Direito Urbanístico é um objectivo complexo da técnica legislativa, além de que o surgimento do ordenamento urbanístico em cada país responde a especificidades político-administrativas e até sociológicas muito particulares, sem esquecer o seu marcado acento territorial e local.

Sem ignorar estas limitações e diferenças, não podem, por outro lado, desconhecer-se tendências institucionais e normativas a nível europeu que esboçam uma contribuição para a convergência ou harmonização futura do urbanismo em sentido amplo.

Em primeiro lugar, o labor desenvolvido pelo Conselho da Europa em temas tão importantes como a Carta Europeia de Ordenamento do Território, de 20 de Maio de 1983, em harmonia, aliás, com a promoção de valores urbanos e a qualidade de vida citadina. Com efeito, em 1992, o Conselho da Europa aprovou a Carta Urbana Europeia com o expressivo subtítulo de *Estratégias e Projectos Urbanos*. A filosofia que enforma este documento funda-se no profundo convencimento de que os cidadãos têm direitos urbanos fundamentais: protecção contra a agressividade de um ambiente urbano perturbador e difícil; direito a exercer um controlo administrativo e contencioso sobre a actuação da administração local; direito a condições dignas de habitação, saúde e oportunidades culturais. Em síntese, o direito a uma qualidade de vida humana e culturalmente aceitável [1].

---

[1] Neste sentido, M. BASSOLS COMA, "Panorama del derecho urbanístico español: balance y perspectivas", in *I Congreso Español*

Para enformar a acção dos poderes locais, a Carta traça um exaustivo panorama de princípios de política urbanística, relativos à habitação, saúde, ambiente e equipamentos, que conformam uma autêntica codificação dos princípios e instrumentos orientadores da gestão urbanística em todo o território europeu.

Depois, há ainda o Tratado da Comunidade Europeia que, com as alterações introduzidas pelos Tratados de Maastricht, de Amsterdam e, mais recentemente, de Nice, consagra nos artigos 2.º, 6.º, 95.º e 174.º-176.º vários princípios e objectivos ambientais, que não deixam, à luz do princípio de um urbanismo sustentável (há várias propostas de decisão ao nível da U.E.), de ser relevantes para o Direito Urbanístico. Acresce que outros objectivos comunitários como a coesão económica e social e a criação de redes transeuropeias não deixarão de marcar a evolução do Direito Urbanístico no plano europeu.

Por último, a terceira "fonte" jurídica de uma possível aproximação legislativa e dogmática radica na jurisprudência do Tribunal Europeu dos Direitos do Homem, na esteira da respectiva Convenção.

A incidência manifesta e por vezes brutal de alguns instrumentos de gestão urbanística, como as expropriações por utilidade pública e as servidões urbanísticas, sobre o direito de propriedade, tem dado azo a uma jurisprudência europeia da maior relevância. Vejam-se os casos *Fredin vs Suécia* ou *Zumtobel vs Áustria* ou ainda *Sporrong e Lönnroth vs Suécia* e *Erkner e Hoffauer vs Estado austríaco*. Na verdade, a jurisprudência deste Tribunal (a que

---

de Derecho Urbanístico, Santander, 1999, p. 43 e ss. Este estudo encontra-se também publicado na *Rev. Jur. Urb. Amb.*, n.º 9, 1998, p. 55 e ss.

o nosso Tribunal Constitucional não tem sido alheio, inclusive noutras matérias) teve já ocasião de se pronunciar sobre matérias tão delicadas como a questão da justa e contemporânea indemnização e, pelo menos desde 1982, de forma directa sobre temas urbanísticos [1].

Não é, pois, surpreendente que, num espaço cultural e político comum, se descortinem esforços no sentido de garantir alguma harmonização de critérios e princípios jurídicos em âmbitos tão cruciais e partilhados pela história.

---

[1] JEAN-FRANÇOIS STRUILLOU, "Cour Européenne des Droits de l'Homme et Conseil d'État: Une Nouvelle Limitation au Principe de Non-Indemnisation des Servitudes d'Urbanisme", in *Annuaire Français du Droit de l'Urbanisme et de l'Habitat,* Paris, 1999, p. 71 e ss. Veja-se, ainda, COMBY/V. RENARD, *Les Politiques Foncières*, Paris, 1996, p. 100 e ss.

CAPÍTULO II

TEORIA GERAL DOS PLANOS URBANÍSTICOS: DO MITO DO PLANO À PLANIFICAÇÃO ESTRUTURAL

CAPÍTULO II

1. A abrir este Capítulo, revela-se importante perceber os impasses e equívocos da planificação urbanística. *O plano entre ser e dever-ser. À procura de um outro paradigma urbanístico.*

Os Capítulos seguintes incidem genericamente no estudo de um tipo particular de normas que regulam e disciplinam a ocupação, uso e transformação do solo: as normas regulamentares constantes dos planos urbanísticos. As normas legais que configuram e determinam um regime particular para certo tipo de bens são igualmente convocadas no âmbito dos princípios jurídicos estruturantes dos planos urbanísticos, funcionando como limite à discricionaridade dos planos. Estas normas legais contêm (com algumas excepções) prescrições vinculativas da actividade administrativa e dos particulares, que se projectam directamente no regime da ocupação, uso e transformação do solo, aspecto a que voltaremos no Capítulo IV. Referimo-nos, designadamente, à Reserva Ecológica Nacional (Decreto-Lei n.º 93/90, de 19 de Março, sucessivamente alterado), à Reserva Agrícola Nacional (Decreto-Lei n.º 196/89, de 14 de Junho, sucessivamente alterado) e à disciplina jurídica da Rede Nacional das Áreas Protegidas (Decreto-Lei n.º 19/93, de 23 de Janeiro, sucessivamente alterado).

Problema delicado e complexo é o que se prende com a solução a dar às proibições e limitações de utilização do solo, por força da especificidade do regime jurídico a que estão sujeitas as categorias de solos a que fizemos referência. Referimo-nos exactamente ao problema da indemnização dos proprietários afectados por essas "restrições de utilidade pública".

Naturalmente que a resposta a dar passa pela *intensidade* e *gravidade* do sacrifício imposto aos particulares, mas já não nos parece totalmente pertinente sustentar a sua não compensação com base em princípios como o da *vinculação situacional* do solo, especialmente quando as restrições impostas são em benefício de todos, da colectividade (o exemplo de limitações à utilização da propriedade do solo em virtude da sua qualidade paisagística ou ambiental).

Para além dos casos em que o legislador nos oferece uma solução (artigo 8.º do Código das Expropriações – Lei n.º 168/99, de 18 de Setembro), casos há, como aqueles a que aludimos, em que a solução não é tão fácil de determinar.

Nestas situações, face às limitações legais resultantes do regime jurídico da responsabilidade administrativa extracontratual por actos de gestão pública (nomeadamente por actos lícitos no exercício da função legislativa) [1], melhor seria apontar para uma expropriação (legal) material ou de sacrifício, em boa medida equiparável às expropriações do plano, recorrendo, no mínimo, aos

---

[1] Limitações a que o novíssimo E.T.A.F. (artigo 4.º/1/g)), aprovado pela Lei n.º 13/2002, de 19 de Fevereiro, procurou dar resposta, bem como o igualmente recentísssimo C.P.T.A. (artigo 37.º e ss), aprovado pela Lei n.º 15/2002, de 22 de Fevereiro.

artigos 26.º/12 e/ou 27.º e seguintes do Código das Expropriações [1].

Começaremos, como dissemos, por abordar alguns impasses e equívocos da planificação urbanística, bem como os seus fundamentos jurídico-filosóficos.

O actual quadro de incerteza de um horizonte de *epistème* (certeza, "verdade") deveria solicitar-nos a considerar a *frònesis* (sabedoria dialógica) e a *prudência* como momentos fundamentais do saber planificar urbanístico.

Tendo como referência os Planos Municipais de Ordenamento do Território, o plano urbanístico deve ser capaz de solicitar a plurisubjectividade envolvente e não apenas projectá-la univocamente e de forma dirigista.

Porque hoje a planificação urbanística (*maxime* o Plano Director Municipal, pelo seu âmbito municipal) conforma excessivamente a propriedade do solo (nomeadamente os artigos 3.º/ 2, 71.º, 72.º, 73.º, 84.º/1/2 e 85.º/e), f), h), l), n), q) e s) e 88.º/a), b), c) e d) do Decreto-Lei n.º 380/99, de 22 de Setembro), não deixa de ser surpreendente a euforia da planificação urbanística (Lei de Bases da Política de Ordenamento do Território e de Urbanismo – Lei n.º 48/98, de 11 de Agosto, e Decreto-Lei n.º 380/99, de 22 de Setembro – Regime jurídico dos instrumentos de gestão territorial) numa fase de global desregulamentação. A nossa resposta simples é esta: o plano urbanístico, ao invés do seu *tonos* teleológico e da sua natureza

---

[1] Esta problemática tem merecido a atenção da doutrina portuguesa. Mais directamente relacionado com a questão ambiental, GOMES CANOTILHO, *Protecção do Ambiente e Direito de Propriedade (Crítica de jurisprudência ambiental)*, Coimbra, 1995, p. 105; veja-se, ainda, por exemplo, ALVES CORREIA, *O Plano Urbanístico..., op. cit.*, pp. 491 e ss, e 518 a 523; RUI MEDEIROS, *Ensaio sobre a Responsabilidade Civil do Estado por Actos Legislativos*, Coimbra, 1992, p. 85 e ss.

racionalizadora e ordenadora do território, tem reproduzido os impulsos do mercado e da renda fundiária. Por outras palavras, a planificação urbanística tem contribuído, paradoxalmente, para a devastação dos recursos ambientais, florestais e agrícolas.

Daí a proposição de um novo paradigma: uma planificação *modesto-situacional* [1]. Pretende-se, assim, passar de um modelo *regulamentar-impessoal* a um paradigma *normativo-estrutural*. Um modelo perequativo que privilegie aquele ponto "arquimédico", à BOBBIO, entre a *vis cogendi* e a *vis directiva* da norma planificatória. Ao apontarmos para um plano modesto-estrutural (Plano Director Municipal), queremos significar o afastamento de soluções que se moldam pelos seus traços rígidos e prescritivos, sem que tal implique a promoção de qualquer ideia desregulamentadora, qualquer *laissez-faire*. Na linha de CROZIER [2], o plano modesto que devemos criar *não é* um plano *mínimo* à NOZICK [3], mas um plano urbanístico que não imponha a visão apriorística dos seus tecnocratas e dos interesses económicos que se manifestam predominantemente no procedimento.

O que se questiona são as metanarrações dos planos (Plano Director Municipal, em particular), com toda a sua eficácia jurídica directa e plurisubjectiva junto dos particulares. O Plano Director Municipal, como assinalámos antes, deve fundamentalmente conformar o território (à luz de princípios como o da vinculação situacional, a

---

[1] Em sentido próximo, P. STELLA RICHTER, "Necessità e possibilità della pianificazione urbanistica", in *Presente e futuro della pianificazione urbanistica*, Milano, 1999, p. 83 e ss.

[2] M. CROZIER, *État Modeste, État Moderne. Stratégie Pour Un Autre Changement,* Paris, 1987.

[3] R. NOZICK, *Anarchy, State and Utopia,* New York, 1974.

Conteúdo Programático – Capítulo II 99

reserva agrícola, a reserva ecológica ou mesmo as zonas especiais de protecção dos imóveis classificados como monumentos, conjuntos e sítios (artigo 22.º da Lei n.º 13/85, de 6 de Julho) [1] e não tanto a propriedade, o que é fonte de desigualdades iníquas entre os proprietários.

Nesta perspectiva, convidamos os nossos alunos a ver o território como um *texto pluriequívoco* construído pelo sujeito planificador. Aceitando a identidade *território-linguagem,* o plano urbanístico surge-nos com uma pluralidade de sentidos linguísticos, na medida em que se pretende insinuar um caminho de investigação que não se confine apenas à linguagem utilizada pelo plano urbanístico, mas veja também o plano como produto histórico da linguagem de vários sujeitos [2]. Em suma, uma linguagem como identificação com o ser, como *casa do ser* [3], a linguagem como relação de todas as relações. Importa, portanto, prestar atenção, na planificação urbanística, ao sentido e alcance (horizonte) da linguagem, de modo a considerar o território como o ser que habita a originária casa linguística. É que, segundo a sentença de WITTGENSTEIN ("Devemos silenciar o que não podemos falar"), o silêncio representa um dos aspectos mais relevantes da vida humana, logo, do plano urbanístico. Daí que releve também o *indizível,* o não dito [4] e, conse-

---

[1] Este diploma, como dissemos antes, foi revogado pela Lei n.º 107/2001, de 8 de Setembro. Cfr., assim, o artigo 43.º.

[2] Inspiramo-nos aqui em J. ROMAN, *Closing Statements. Linguistics and Poetics. In Style in Language,* New York, 1960, esp. p. 131 e ss.

[3] Cfr. M. HEIDEGGER, *Lettera sull'umanismo,* Torino, 1975, p. 11 e ss.

[4] L. WITTGENSTEIN, *Tractatus logico-philosophicus,* tr. it., Torino, 1964.

quentemente, a importância dos elementos gráficos na definição do território e das suas linguagens. Daí que afastemos também as aporias austinianas [1], privilegiando a interpretação à análise, minorando igualmente as teses *conspirativas* no que toca ao entendimento do plano urbanístico.

A *Wirkungsgeschichte* (história dos efeitos) de GADAMER [2] diz-nos que o autor de um texto representa um dado importante mas não definitivo, já que o mesmo texto vem interpretado, de modo nem sempre previsível, através das plúrimas interpretações dos seus "leitores", anunciando a clássica distinção kantiana entre *quid iuris* e *quid facti*.

Somos, portanto, dos que pensam que não é conveniente avançar com a possibilidade de uma metodologia analítica aplicada às linguagens do plano, qual meio capaz de nos fazer compreender este instrumento urbanístico como ordenador técnico-científico ou mesmo empírico do território. Não podemos ignorar também que o realismo ôntico se tem vindo a combinar progressivamente com uma urbanística inspirada no sucesso da *fiction* utópica ou mesmo político-ideológica. Parafraseando BORGES, os planos têm-se convertido numa espécie de *manual de zoologia fantástica,* tornando a empresa hermenêutica particularmente árdua, ainda que estimulante. Esta tese obtém plena confirmação se não omitirmos que o "texto" técnico--jurídico apresenta frequentemente uma veste insólita ou

---

[1] J. L. AUSTIN, *How to Do Things with Words,* New York, 1962, p. 77 e ss.

[2] H. G. GADAMER, *Wahrheit und Methode. Grundzüge einer philosophischen Hermeneutik*, Tübingen, 1960, p. 17 e ss. Veja-se ainda, sobre este ponto, COLAÇO ANTUNES, *O Procedimento Administrativo de Avaliação de Impacto Ambiental..., op. cit.,* pp. 252 e 253.

mesmo a forma de um ambíguo *palimpsesto* [1], em que gerações sucessivas de copistas têm renunciado a reinterpretar um texto, em boa medida, morto-vivo. Privilegia-se, assim, uma interpretação jurídica da norma que, sem ignorar formalmente a referência e o sustento constitucional, substitui tacitamente o Estado Social de Direito pelo mercado.

Em resumo, o plano corre, seguramente, o risco de se converter numa espécie moderna do *Leviathan,* pelo que se impõe o regresso a uma separação entre o *político* e o urbanismo. O problema da complexa relação entre o plano, o direito de propriedade e o *ius ædificandi* passa também por aqui.

Ao invés, impõe-se reflectir o território ontologicamente. No período que alguns classificam de pós-modernidade e nós preferimos designar por época neobarroca ou hipermetafísica, o urbanismo e o seu direito, na tradição histórica ocidental, tem sistematicamente iludido o problema ontológico, em favor do ôntico, e daí que tenha pensado e experimentado a técnica em sentido metafísico (HEIDEGGER).

Esta visão tem atravessado a planificação urbanística no sentido iluminístico e dirigístico. Mais uma vez, o mito da certeza e da exaustividade, bem reflectida no clássico entendimento das funções dos planos [2], pretende ver no território, através de previsões normativas teleológicas, algo objectivado e inteligível – como se observa no conceito de *zonamento.* O empirismo lógico e o seu princí-

---

[1] P. GIORDANI, *Il palinsesto urbanistico,* Rimini, 1999.

[2] P. STELLA RICHTER, *Profili funzionali dell'urbanistica,* Milano, 1984. Entre nós, ALVES CORREIA, *O Plano Urbanístico...,* op. cit., p. 181 e ss.

pio fenoménico contribuíram igualmente para o primado da *ratio cognoscendi* sobre a *ratio essendi,* presente, inclusive, nos elementos cartográficos e desenhados do plano urbanístico.

Com efeito, a redução do ser a objecto (e até o esquecimento do ser) marca toda a história (não só filosófica) da cultura ocidental. O primado da objectividade e da técnica – epistemologia do domínio – releva ainda da metafísica, na medida em que esta parece conceber o ser como *Grund,* como fundamento que assegura a razão e de que a razão se assegura. A sociedade tecnológica como sociedade metafísica [1].

O olvido do ser a favor do ente começa a manifestar-se claramente na cultura da planificação urbanística de matriz alemã dos finais do século XIX que, configurando o território em zonas, procurava resolver os problemas da cidade (capitalista) explosiva (com todos os seus problemas de ordenamento) e, desde logo, a formação da renda fundiária urbana. As zonas homogéneas (ainda hoje um aspecto essencial da planificação urbanística) são a clara expressão de uma dimensão ôntica do território assente na descrição totalizante e na objectividade paramétrica. Assim sendo, o *zonamento* é ainda o resultado da metafísica urbanística, na medida em que ignora frequentemente as "apetências" do território e o respectivo *genius loci* [2]. Perpassa, assim, pela planificação urbanística,

---

[1] Em sentido crítico, G. VATTIMO, *La fine della modernità,* Milano, 1985, p. 57 e ss. O problema, verdadeiramente, segundo HEIDEGGER, não está tanto na técnica como no facto de esta asfixiar o crescimento daquilo que pretende salvar.

[2] Sem querer polemicar, há ainda o problema de uma semântica (emocional) oculta da paisagem, sendo que não partilhamos aquelas posições que condenam a evocatividade sentimental da paisagem

maxime pelo *zoning,* o hálito da metafísica cartesiana, quando é certo que se verifica hoje o declínio das zonas homogéneas. Veja-se, por exemplo, o que acontece com as zonas agrícolas que recolhem frequentemente diversos usos: residência, agroturismo e até actividades industriais de transformação de produtos agrícolas. O próprio conceito de *standard* urbanístico quantitativo (tantas vezes em prejuízo de *standards* qualitativos, ainda que flexíveis) aparece conexo com esta técnica impessoal, em consonância com um saber categorial ligado às coisas e menos ao ser humano. Prossegue-se, assim, uma lógica uniformizadora referenciada a relações estabelecidas previamente – a que não é indiferente a contaminação entre os espaços públicos e os espaços privados.

Sobressai, portanto, uma visão fixa e totalizante das coisas – platónico-kantiana. Tendo presente o que foi pensado e dito, aponta-se para um zonamento *plurifuncional* (de inspiração situacional), na medida em que esta técnica urbanística não deve ser um fim em si mesmo mas um meio de revelação *(alètheia)* da essência do território (da *Wahrheit* do território em sentido heideggeriano). O zonamento deixa de ser uma forte evidência do *ontos on* platónico, para passar a constituir uma espécie de *experiência*

---

urbana como uma frívola *rêverie.* É que o *otium*, como reflexão e interiorização da beleza, já não é uma prerrogativa do senhor.

Por tudo isto, os planos e, por maioria de razão, o que se quer construir, não podem ignorar a semântica e até o senso comum dos conceitos utilizados. Ignorar a semântica e o *estatuto do lugar* é francamente paradoxal e redutor. Pensamos que não é preciso convocar BOCCACCIO e o seu ócio literato, para convencer os meus alunos-leitores da bondade do que se sustenta, sem querer com isso afastar naturalmente a gnosiologia do urbanismo e da paisagem à VON HUMBOLDT, como forma de uma clara consciência do, por vezes, "obscuro" sentimento da *consonantia universalis.*

fabulizante da realidade despida de conotações metafísicas [1]. Importa, assim, pensar o zonamento plurifuncional no quadro de uma regulação (planificatória) da plurisubjectividade, por forma a insinuar uma adesão consciente dos actores territoriais. Isto implica que o plano (Plano Director Municipal) não seja excessivamente prescritivo e minucioso [2] (de outra forma regressaríamos à *picture theory* do primeiro WITTGENSTEIN) [3].

Por outro lado, o plano projectivo (prognóstico) deve dar lugar ao plano-cenário, solicitando uma relação dialógica com o querer e os projectos de plúrimos sujeitos. Esta *planificação intersubjectiva,* de tipo leibniziano, na sua conexão com o *zonamento plurifuncional,* conduz-nos ao reconhecimento da figura do sujeito, do cidadão (na sua abertura ao mundo), como elemento determinante na atribuição ao território de uma dimensão ontológica. Isto é tanto mais importante se soubermos compreender que o direito urbanístico ainda não se deu (por inteiro) conta – normativamente – de uma profunda perda de centralidade de um dos seus actores principais: o proprietário do terreno sucumbiu perante o promotor imobiliário.

A configuração de um modelo de planificação urbanística que parta desta ideia: *não sabemos que não sabemos,* ao invés da máxima de sabor iluminístico (sei que não sei). Isto é, o plano como cenário. Apelamos, portanto, a um construtivismo adequado (moderado – apesar da

---

[1] G. VATTIMO, *op. cit.,* p. 8 e ss.

[2] Veja-se, entre os vários estudos contidos in *La disciplina urbanistica in Italia (Problemi attuali e prospettive di riforma),* (coordenador P. URBANI), Torino, 1998, o de G. CROCIONI, "Dall'urbanistica prescrittiva all'urbanistica negoziale", *op. cit.,* p. 99 e ss.

[3] L. WITTGENSTEIN, *The Blue and Brown Books,* Oxford, 1933-1935.

debilidade semântica da expressão) que aponta para a ideia de *viability* [1] e não de uma progressiva optimização do solo disponível. Agora, a planificação urbanística afasta-se da noção de *causa determinante* – aproveitamento do solo em função da utilização dominante (artigo 73.º do Decreto-Lei n.º 380/99, de 22 de Setembro) – para passar a dar mais atenção aos vínculos urbanísticos e ambientais, o que mais uma vez não ignora uma relação dialógica (não dialogal ou simples diálogo) entre os vários sujeitos e actores que incidem sobre o território.

É toda uma outra perspectiva que se abre ao sentido de que o plano não revela o território, mas é apenas uma (sua) interpretação possível. Plano-cenário ligado a uma dimensão hermenêutica, segundo a qual a interpretação do território não desperdiça os "pré-juízos" *(Vor-Urteile)* geradores da pré-compreensão *(Vorverständnis)* [2]. A verdade é que não vislumbramos uma actuação (planificada) sobre o território, que é sempre um fazer histórico, sem uma forte consciência do próprio pensar e construir hermeneuticamente. Só assim, julgamos, será possível abrir um diálogo entre o vivente e o vivido, entre o passado, o presente e o futuro [3]. Só assim, em suma, será possível o regresso à noção de interesse público (urbanístico). Mas para que assim seja, a complexidade urbanística e territorial não pode ceder à *dòxa,* procurando antes arrimo e apoio na *frònesis* e na *prudentia.* Estas permitem

---

[1] S. TINTORI, "La razionalità dell'urbanistica: un sentiero bibliografico nella teoria della pianificazione", in *Territorio,* n.º 15, p. 278 e ss.

[2] O célebre círculo hermenêutico de GADAMER, *Wahrheit und Methode..., op. cit.,* p. 251, na esteira de HEIDEGGER. Cfr. *Sein und Zeit,* Tübingen, 1967, §32.

[3] Cfr. G. VATTIMO, *Etica dell'interpretazione,* Torino, 1989.

o discurso dialógico, enquanto a primeira *(dòxa)* favorece a opinião e o diálogo = consenso = *banalidade de base* mais ou menos *enfática*. Impõe-se, assim, uma epistemologia construtivista que nos revele o momento ficcional da representação do plano urbanístico clássico. A representação posta pelo plano *não é* a realidade, mas o célebre véu de ignorância (RAWLS) [1].

Actuar de forma planificada sobre o território implica não esquecer HEIDEGGER *(Bauen Wohnen Denken – 1951)*, isto é, saber esperar, porque nem sempre a rocha cede ao homem e tantas vezes dobra a própria enxada [2]. A relação conhecimento-decisão pode ser um frio cadáver.

Sinceramente, o que vemos e pretendemos *mostrar* aos alunos é que a planificação urbanística é hoje o tal manto de ignorância (aparentemente paradoxal) das pulsações egoísticas que se exprimem na sociedade. Com isto, não vai subentendida a menoridade da planificação urbanística, mas a necessidade de adoptar outro paradigma e outros fundamentos jurídico-publicísticos. Um paradigma *outro* que retire o carácter prescritivo e conformador da propriedade ao Plano Director Municipal, uma vez que este não pode certamente realizar-se apenas numa relação entre metros quadrados e metros cúbicos. A distinção entre planificação estrutural e operativa respeita, nomeadamente, aos conteúdos do plano e à renda fundiária urbana, subtraindo, se bem delineada, discricionaridade à Administração [3]. A cidade é um organismo vivo, tal como o território, insusceptível de ser reduzido a coeficientes

---

[1] J. RAWLS, *A Theory of Justice,* Cambridge, 1971.

[2] COLAÇO ANTUNES, *O Procedimento Administrativo de Avaliação de Impacto Ambiental..., op. cit.,* pp. 740 e 741.

[3] Cfr. P. URBANI, *Urbanistica consensuale,* Torino, 2000, p. 56 e ss.

numéricos – na linha do zonamento tradicional, filho da urbanística racionalista e funcionalista.

Sustentamos, em síntese, uma planificação urbanística interactiva [1], baseada numa adequada coordenação dos planos, como parece agora apontar o Decreto-Lei n.º 380/99, de 22 de Setembro (modesta e recentemente alterado). Uma planificação onde a legitimidade do plano assenta na pluralidade de vozes que convergem no procedimento de elaboração. Se a existência de boas regras procedimentais na elaboração do plano é importante, todavia isto não basta, como veremos mais adiante, já que a lei deve dar uma especial atenção aos conteúdos do plano, fixando *standards* urbanísticos e ambientais qualitativos, ainda que flexíveis. Como não basta a planificação ponderativa de extracção alemã. É muito relevante mas não chega, porque, neste domínio, a participação- -ponderação dos interesses particulares é insuficiente e ineficaz para determinar correctamente o conteúdo da planificação.

Em suma, também o plano urbanístico deve "regressar" à cidade, o que é particularmente válido para o Plano Director Municipal. Os novos planos devem apresentar alguns aspectos essenciais: primeiramente, uma maior atenção ao património existente, o que exige a contenção de processos expansivos; depois, um esforço maior na individualização das características específicas dos locais, seja em termos histórico-culturais (identidade do local,

---

[1] Veja-se o volume *Presente e futuro della pianificazione urbanistica* (coordenadores F. PUGLIESE e E. FERRARI), Milano, 1999. Mais especificamente, P. AVARELLO, "Giuristi e urbanisti di fronte alla riforma urbanistica", in *La disciplina urbanistica in Italia, op. cit.*, p. 81.

memória histórica), seja em termos físicos e morfológicos (regras ordenadoras, com a correspondente salvaguarda das áreas agrícolas, florestais ou paisagísticas), rejeitando-se, assim, modelos modernistas e abstractos; uma especial atenção aos aspectos ecológico-ambientais, bem como à qualidade urbana em geral, que quase sempre sucumbem a "análises" do existente ou a uma evolução descerebrada do património construído; reforço de técnicas qualitativas (em substituição de soluções quantitativas), que se têm revelado mais eficazes, sugestivas e comunicativas, na perspectiva de um urbanismo sustentável; a separação das componentes estruturais do plano daquelas que têm um carácter mais operativo ou mesmo executivo.

2. Depois de abordarmos os impasses e equívocos do planeamento (novo paradigma do planeamento urbanístico), convém esclarecer que no Capítulo II procuramos estudar e dar a conhecer um conjunto de questões que são estruturantes dos planos territoriais, particularmente dos Planos Municipais de Ordenamento do Território, enquanto o Capítulo III vai dirigido ao estudo detalhado dos vários tipos de planos de ordenamento do território.

Quanto ao Capítulo II, em obséquio a um conhecido princípio wittgensteiniano, até pelo conteúdo de alguns pontos se revelar suficientemente claro, silenciando-os (o que é válido para outras partes do Programa), não deixaremos, por outro lado, passar a oportunidade de evidenciar certos aspectos que nos parecem mais problemáticos (ou menos estudados) e até contracorrente.

No que toca às *funções dos planos*, com primariedade para o planeamento municipal, sustentamos que o Plano Director Municipal deve assumir uma natureza estrutu-

Conteúdo Programático – Capítulo II

ral-directiva, limitando-se a fixar os objectivos de transformação e ordenamento do território municipal, sem pretender imprimir específicos destinos ao uso e transformação das várias áreas. Isto é, como tem sido repetidamente dito, o plano em causa deve conformar e ordenar mais o território e menos a propriedade (cfr. artigos 3.º/2 e 84.º e seguintes do Decreto-Lei n.º 380/99, de 22 de Setembro), sem omitir outras funções dos planos urbanísticos, como a inventariação da realidade (urbanística), a gestão do território ou a função de controlo do uso do solo ou ainda o seu poder projectivo [1].

Merece-nos igual atenção a questão da sujeição da planificação urbanística a regras procedimentais, mas também a regras substanciais, o que naturalmente passa pela fixação legal de *standards* funcionais e flexíveis (urbanísticos e ambientais, de acordo com as necessidades e características morfológicas de cada Município), reforçando o princípio da legalidade material e diminuindo o poder discricionário do ente planificador. Aspecto do maior relevo, que se reflecte em questões tão importantes como a dos princípios estruturantes dos planos urbanísticos e até no Capítulo IV.

Trata-se, ainda, de trazer à colação *vínculos substanciais* e *vínculos morfológicos,* problemas que tocam as delicadas questões da indemnizabilidade e da perequação (cfr. os artigos 143.º e 135.º e seguintes do Decreto-Lei n.º 380/99, de 22 de Setembro), sem deixar de se reflectir sobre o papel e conteúdo da planificação operativa. Questões que não se devem confundir com os *standards ope legis,* estudados mais adiante, ao analisarmos o regime

---

[1] P. STELLA RICHTER, *Profili funzionali dell'urbanistica, op. cit.,* p. 141 e ss.

particular que a lei estabelece para determinados tipos de bens e a que já aludimos atrás.

Em relação à *tipologia dos planos,* vigora o princípio da tipicidade dos instrumentos de planeamento territorial.

Com o aparecimento da Lei n.º 48/98, de 11 de Agosto (posteriormente desenvolvida pelo Decreto-Lei n.º 380/99, de 22 de Setembro), verificaram-se algumas alterações, como a criação de novos tipos de planos e a reformulação do regime jurídico de alguns dos (planos) já existentes. O Programa Nacional da Política de Ordenamento do Território (PNPOT), os Planos Regionais de Ordenamento do Território (PROT's) e os Planos Intermunicipais de Ordenamento do Território (PIMOT's), de elaboração facultativa, integram o que a Lei de Bases designa por instrumentos de desenvolvimento territorial (artigo 9.º/1). Estes instrumentos estratégicos, especialmente os dois primeiros, formam como que um quadro de referência a ter em consideração pelos instrumentos de planeamento territorial (artigo 8.º/a) da Lei de Bases).

Esta lei veio operar uma outra distinção fundamental, ao considerar os Planos Municipais de Ordenamento do Território (PMOT's) como instrumentos de planeamento territorial (artigo 9.º/2). O sistema fica completo com a referência aos instrumentos de planeamento especial (PEOT) e aos instrumentos de planeamento sectorial, Planos Sectoriais (artigo 9.º/3/4).

No que se reporta à *classificação* dos instrumentos de gestão territorial, os diplomas em análise fazem referência a dois critérios essenciais: o âmbito dos interesses públicos prosseguidos e a eficácia jurídica das normas. A Lei de Bases (artigo 7.º) e o Decreto-Lei n.º 380/99, de 22 de Setembro (artigo 2.º), estabelecem, de acordo com o primeiro critério, que o sistema de gestão territorial se organiza em três âmbitos distintos: âmbito nacional (PNPOT, PS e PEOT); âmbito regional (PROT); e âmbito municipal (PIMOT e PMOT) [1].

Já de acordo com o segundo critério, os planos, ao serem classificados em função da eficácia jurídica das normas junto dos seus destinatários, tocam o aspecto decisivo da maior ou menor intensidade com que conformam o território e o direito de propriedade privada do solo. Se em relação a todos os planos podemos falar de autoplanificação e de heteroplanificação, já a plurisubjectividade planificatória é característica dos Planos Especiais e Municipais de Ordenamento do Território (artigo 11.º da Lei de Bases e artigo 3.º do Decreto-Lei n.º 380/99, de 22 de Setembro).

Outros critérios de classificação dos instrumentos de gestão territorial, nem sempre coincidentes com os anteriores, são referidos pela doutrina [2], como o âmbito territorial de aplicação, a finalidade ou o grau analítico das determinações planificatórias.

No que concerne aos respectivos critérios classificatórios, gostaríamos ainda de sublinhar, contracorrente, que, no que toca ao grau analítico das suas previsões, a conformação da propriedade é mais intensa nos Planos Directores Municipais do que nos Planos de Urbanização ou nos Planos de Pormenor. Isto é precisamente assim porque, ao contrário do que se diz, a analiticidade das previsões dos planos não é directamente proporcional à conformação da propriedade, na medida em que o Plano de

---

[1] Sobre esta matéria, cfr. F. PAULA OLIVEIRA, "Os princípios da nova lei de ordenamento do território: da hierarquia à coordenação", in *CEDOUA*, n.º 1, 2000, p. 21 e ss.

[2] ALVES CORREIA, *O Plano Urbanístico..., op. cit.*, p. 187 e ss.

Pormenor incide normalmente (apesar do disposto no artigo 90.º/1 do Decreto-Lei n.º 380/99, de 22 de Setembro) sobre o espaço construído. Logo, não é possível, no essencial, conformar aí a propriedade, o que está em jogo é sobretudo conservar e reabilitar o património imobiliário, com especial atenção ao património histórico-cultural, afastando-se, por princípio (sem prejuízo do disposto no artigo 91.º/1/g), quando tal se justifique), também qualquer remédio pertinente à indemnização-compensação dos proprietários dos terrenos. A mesma argumentação, ainda que de forma menos evidente, se pode aduzir em relação ao Plano de Urbanização, visto que este define, nos termos do artigo 87.º, a organização espacial de uma parte determinada do território municipal, integrada no perímetro urbano, cuja definição cabe ao Plano Director Municipal (artigo 84.º/h)), bem como a respectiva classificação do solo (artigo 84.º/2).

É de salientar, todavia, que, no direito vigente, os princípios da indemnização (expropriação do plano – artigo 143.º do Decreto-Lei n.º 380/99, de 22 de Setembro) e da perequação (artigo 135.º e seguintes) são hoje princípios estruturantes dos planos urbanísticos vinculativos dos particulares, sendo que a perequação de benefícios e encargos se concretiza no âmbito dos "instrumentos de planeamento previstos nas unidades operativas de planeamento e gestão" (artigo 85.º/s)). Solução legal que, no que toca à perequação de benefícios e encargos, nos parece substancialmente de acordo com o que dissemos anteriormente, visto que a conformação mais intensa da propriedade se verifica mais ao nível do Plano Director Municipal e menos no Plano de Urbanização.

Um outro ponto a reclamar atenção, aqui em tese geral, é o do *justo procedimento de formação dos planos*, sem prejuízo de no Capítulo seguinte se analisar o regime

Conteúdo Programático – Capítulo II

jurídico concreto, inclusive procedimental, dos vários instrumentos de gestão territorial (designação que nos parece, pelo menos, sofrer de incompletude, visto que mesmo os planos municipais são planos de ordenamento do território, o que aliás corresponde à tal visão alargada de urbanismo, que antes criticámos).

Posto isto, convoca-se a atenção dos alunos para dois princípios fundamentais que marcam o procedimento de formação dos planos territoriais: o princípio da colaboração-concertação "interadministrativa", onde ganha relevo a colaboração-ponderação-hierarquização entre os vários interesses públicos coenvolvidos no procedimento (artigos 8.º e seguintes e 20.º e seguintes do Decreto-Lei n.º 380/99, de 22 de Setembro) e o princípio da participação-ponderação social (artigo 6.º deste diploma e artigo 21.º da Lei de Bases).

Quanto ao último princípio, é de notar que o Decreto-Lei n.º 380/99, de 22 de Setembro (que estabelece o regime jurídico dos instrumentos de gestão territorial) concretiza em várias das suas disposições, *maxime* no artigo 6.º, o princípio constitucional (artigo 65.º/5) da participação dos interessados na elaboração dos instrumentos de planeamento e gestão territorial, em conjugação com o direito à informação (artigo 5.º). Enfatizam-se, naturalmente, as modalidades de participação, dialógica e co-constitutiva, sendo que a sua natureza e objectivos são diferentes.

Enfatiza-se, por outro lado, a consagração legal (artigo 21.º da Lei de Bases e artigos 6.º, 48.º e 77.º do Decreto-Lei n.º 380/99, de 22 de Setembro, e o artigo 4.º da Lei n.º 83/95, de 31 de Agosto) de uma participação reforçada dos cidadãos, especialmente nos procedimentos de elaboração dos planos vinculativos dos particulares (PEOT e PMOT), que se salda, nomeadamente, na designada participação preventiva. Participação esta que colhe todo o sentido se se reconhecer ser extremamente problemático influenciar o projecto planificatório quando o plano já se encontra na fase terminal, isto é, próximo da decisão final. Este tipo de participação não preclude, naturalmente, a participação sucessiva relativa à discussão pública. A participação preventiva tem ainda o mérito de permitir aos particulares a formulação atempada de sugestões, opiniões ou observações, podendo, assim, ser consideradas no âmbito do procedimento de elaboração dos planos (artigos 48.º/2 e 77.º/2 do Decreto-Lei n.º 380/99, de 22 de Setembro) e, desta forma, justa e obrigatoriamente ponderados (artigos 6.º/4 e 77.º/5/8). Às entidades responsáveis cabe ainda o dever de dar resposta fundamentada aos pedidos de esclarecimento apresentados nos termos do n.º 5 do artigo 77.º.

Como resulta do Decreto-Lei n.º 380/99, de 22 de Setembro (artigos 47.º e 75.º/2), a elaboração dos planos especiais e municipais (à excepção dos Planos de Urbanização e dos Planos de Pormenor, cujo acompanhamento é assegurado pela Comissão de Coordenação Regional) é acompanhada por uma comissão mista de coordenação, na qual podem participar as associações representativas dos interesses económicos, sociais, culturais e ambientais. Participação de tipo orgânico-corporativo que, no que toca à presença de representantes dos direitos ambientais plurisubjectivos, não nos comove excessivamente.

Já o princípio da concertação-cooperação entre os vários sujeitos de direito público manifesta a ideia de colaboração entre vários órgãos da Administração directa e indirecta do Estado e da Administração Local, com competências incidentes no território tocado pelos planos, no sentido de melhor revelar e harmonizar os interesses públicos com expressão territorial (artigos 8.º e seguintes e 20.º e seguintes do Decreto-Lei n.º 380/99, de 22 de Setembro).

Quer a colaboração dos vários sujeitos de direito público envolvidos na formação dos planos, quer a participação dos particulares, têm o objectivo (comum) de permitir uma justa e adequada ponderação e correspondente hierarquização dos diferentes (e por vezes colidentes) interesses (públicos e privados) que se manifestam no procedimento de formação do plano (artigos 6.º/4 e 9.º/1 do Decreto-Lei n.º 380/99, de 22 de Setembro). Importa, por conseguinte, distinguir a este propósito os vícios inerentes ao procedimento dos vícios inerentes ao resultado que, consequentemente, podem inquinar a validade do plano [1].

Numa matéria tão complexa como esta, entendemos que, como já salientámos antes, a participação-ponderação dos interesses e dos direitos dos particulares só adquirem uma eficácia razoável se a lei fixar determinados *standards* ambientais e urbanísticos, ainda que flexíveis, a observar pelos planos (por exemplo, a fixação de índices de construção de habitação social, de zonas verdes e de lazer para as áreas abrangidas pelos planos).

A nosso ver, não basta a referência abstracta a aspectos sociais, culturais ou ambientais. Importa conferir-lhes uma dimensão quantitativa e qualitativa, variável em função das características e necessidades de cada Município [2]. Com efeito, se a cidade não é só o lugar do habitar mas o próprio habitar, e se o território não é só o lugar em que se vive mas o elemento caracterizante e contextualizante do próprio viver, então a planificação urbanística não se pode confinar às transformações físicas do espaço.

---

[1] Entre nós, na esteira da doutrina alemã, ALVES CORREIA, *O Plano Urbanístico..., op. cit.,* p. 275 e ss.

[2] Neste sentido, P. STELLA RICHTER, "Riforma urbanistica: da dove cominciare", in *Riv. Giur. Urb*, n.ºs 3-4, 1996, pp. 466 e 467.

Se a planificação urbanística prossegue objectivos tão elevados (porventura excessivos) como o de estabelecer *onde* e *como* os cidadãos devem viver, então deve fazê-lo bem, adequada e sustentadamente. Chama-se a atenção que o *onde,* conjugado com o *como,* exige à planificação, numa interpretação conforme à C.R.P. (artigos 65.º e 66.º), a tutela das fundações ecológicas e urbanísticas da qualidade de vida dos cidadãos. A não ser assim, receamos que o direito de participação dos munícipes, na elaboração dos planos, se possa revelar pouco mais do que quimérica. Neste sentido, o Programa Polis (com a respectiva requalificação urbana) é uma resposta tardia e onerosa às limitações e perversões do planeamento urbanístico que se têm vindo a desenvolver e a praticar, revelando-se, aliás, numa subversão do urbanismo local pelo urbanismo estatal.

3. Relativamente à *natureza jurídica* dos Planos Municipais de Ordenamento do Território (artigo 69.º/1 do Decreto-Lei n.º 380/99, de 22 de Setembro) [1], importa dar conta da sua complexidade e, consequentemente, das suas projecções no contencioso urbanístico [2], de que obvia-

---

[1] Concordamos com os autores que sustentam que se trata de uma questão essencialmente de natureza teorética. Cfr. ALVES CORREIA, *O Plano Urbanístico...,* op. cit., p. 218, que, aliás, nos oferece, em páginas sucessivas, as várias posições doutrinárias sobre o tema.

[2] Convoca-se, igualmente, a Lei n.º 83/95, de 31 de Agosto, que também aqui tem aplicação (artigo 7.º/1/a) do Decreto-Lei n.º 380/99, de 22 de Setembro), bem como, por exemplo, os artigos 69.º e 115.º do Decreto-Lei n.º 555/99, de 16 de Dezembro (alterado pelo Decreto-Lei n.º 177/2001, de 4 de Junho), sem esquecer os célebres artigos 111.º, 112.º (alterado pelo artigo 3.º da Lei n.º 15/2002, de 22 de Fevereiro) e 113.º. Cfr., igualmente, o disposto nos artigos 66.º e ss, e 72.º e ss do novo C.P.T.A..

mente damos conta aos alunos, com ênfase para as acções administrativas.

Pensamos mesmo que um dos critérios mais sólidos para deslindar este problema é (com FORSTHOFF), precisamente, o que passa pelo maior reforço das garantias contenciosas das posições jurídicas dos particulares (cfr. o artigo 7.º do Decreto-Lei n.º 380/99, de 22 de Setembro, especialmente o n.º 2), sendo que uma parte relevante da doutrina [1] tem sustentado a tese da maior bondade do regime de impugnação de normas em relação ao da impugnação dos actos administrativos e, consequentemente, a natureza regulamentar dos planos urbanísticos municipais (vejam-se os artigos 69.º/1, 86.º/1/a), 89.º/1/a) e 92.º/1/a), todos do Decreto-Lei n.º 380/99, de 22 de Setembro). A nossa tese, apesar de já tanto ter sido dito, é a de que se trata de um *acto-norma,* problema a que voltaremos mais adiante quando falarmos da discricionaridade dos planos na sua relação com o *ius ædificandi.* De qualquer forma, como a analiticidade e concreteza dos planos municipais é variável, não se pode desdenhar a possibilidade de pelo menos os Planos de Pormenor poderem ser considerados actos administrativos gerais de conteúdo preceptivo, sem esquecer que o plano urbanístico tem um conteúdo complexo e heterogéneo [2].

Nesta sequência, importa salientar e, sobretudo, distinguir o contencioso dos actos (pertinente ao procedimento de formação do plano), do contencioso das normas

---

[1] Cfr. VIEIRA DE ANDRADE, *A Justiça Administrativa (Lições), op. cit.,* pp. 128 e 129.

[2] Assim, F. SALVIA / F. TERESI, *Diritto urbanistico,* 5.ª ed., Padova, 1992, p. 95, e M. S. GIANNINI, *I beni pubblici,* Roma, 1963, p. 142 e ss.

para efeitos da propriedade do meio processual a utilizar pelo particular [1].

Face às singularidades da planificação urbanística, resultantes, nomeadamente, da hierarquia dos planos, seria desejável, como sugerem alguns autores [2], a recepção de alguma especificidade em matéria de disciplina do contencioso urbanístico (e dos planos em particular). Uma das particularidades passaria, a meu ver, pela alteração do artigo 63.º da L.P.T.A. (a que o novo C.P.T.A. não dá igualmente resposta, artigo 74.º), sujeitando a impugnação de normas administrativas, nos casos de mera anulabilidade, a um prazo que poderia ser de dois anos. Propõe--se, assim, um regime diferenciado em função da gravidade da ilegalidade, tal como acontece com os actos administrativos, com o que se reforçaria a estabilidade do planeamento e a certeza e segurança das posições jurídicas dos particulares [3].

Atenta a fase de transição (recentemente ultrapassada) que se vive em relação à justiça administrativa, outra possibilidade, a envolver alguma engenharia constitucional, seria a de se prever, tal como acontece com os actos administrativos, a hipótese do juiz administrativo apreciar a (i)legalidade de normas (directamente) inconstitucionais ou que sofram de ilegalidade qualificada, em vez

---

[1] Vejam-se, por exemplo, os Acórdãos do S.T.A. (1.ª Secção) de 8 de Julho de 1997 (P. 38 632) e de 23 de Setembro de 1997 (P. 38 991).

[2] Cfr. ALVES CORREIA, "O contencioso dos planos municipais de ordenamento do território", in *Rev. Jur. Urb. Amb.*, n.º 1, 1994, p. 38.

[3] Neste sentido, COLAÇO ANTUNES, "A reforma do contencioso administrativo. O último ano em Marienbad", in *Rev. Min. Públ.*, n.º 83, 2000, p. 36.

Conteúdo Programático – Capítulo II   119

de caberem ao Tribunal Constitucional (artigos 280.º/2 /b), c) e d) e 281.º/1/a), c) e d) da C.R.P. e o artigo 72.º/2 do C.P.T.A.) [1]. Outras soluções já encontradas, como a da unificação do meio processual ou a suspensão da eficácia de normas emitidas no exercício da função administrativa (de aplicabilidade imediata), significam outro passo decisivo na lógica do princípio da tutela judicial efectiva (artigos 112.º/2/a), 130.º e 72.º e seguintes do C.P.T.A.). Igualmente pregnante, nesta matéria, se pode revelar o pedido de declaração de ilegalidade por omissão (artigo 77.º do C.P.T.A. e artigo 84.º/3 do Decreto-Lei n.º 380/99, de 22 de Setembro).

4. Outro ponto do Programa refere-se ao que designamos por *planificação urbanística estratégica,* querendo deste modo relevar a necessidade de sujeitar a avaliação de impacto ambiental alguns dos planos territoriais que, pelo seu âmbito de aplicação, bem poderiam ser o Plano Regional de Ordenamento do Território e/ou o Plano Director Municipal [2]. Aponta-se, assim, para uma avaliação de impacto ambiental estratégica dos planos, logo na fase em que são efectuadas as opções fundamentais em matéria de ordenamento do território e planificação urbanística, o que naturalmente se repercutiria na intensidade da tutela dos bens ambientais e na racionalização do uso dos recursos naturais, especialmente do solo. Como

---

[1] Sobre o tema, cfr. ALVES CORREIA, "A impugnação jurisdicional de normas administrativas", in *Cadernos de Justiça Administrativa,* n.º 16, 1999, p. 125. *Vide* também, VIEIRA DE ANDRADE, *op. cit.,* p. 126.

[2] COLAÇO ANTUNES, *O Procedimento Administrativo de Avaliação de Impacto Ambiental..., op. cit.,* p. 619.

sustentamos num nosso estudo [1], esta possibilidade não é apenas teórica, apesar do alcance restritivo da lei de avaliação de impacto ambiental (Decreto-Lei n.º 69/2000, de 3 de Maio, que transpôs para a ordem jurídica interna a Directiva n.º 85/337/CEE, de 27 de Junho, com as alterações introduzidas pela Directiva n.º 97/11/CE, de 3 de Março), em desarmonia, aliás, com o disposto no artigo 30.º/1 da Lei de Bases do Ambiente (Lei n.º 11/87, de 7 de Abril).

Com efeito, uma retórica argumentativa teleológica do instituto de avaliação de impacto ambiental favorece claramente a possibilidade jurídica de uma ruptura do sistema de lista positiva de meros projectos individuais, públicos e privados, em favor dos planos, tanto mais que os princípios inspiradores da Lei n.º 11/87, de 7 de Abril, são manifestamente dominados pelo critério ecológico. Outra pista hermenêutica radica(va) no recurso ao princípio geral de sujeição, agora mais mitigado na lei de avaliação de impacto ambiental (artigo 1.º/3) [2].

Em síntese, a remissão legal do referido instituto jurídico para os planos de ordenamento do território é juridicamente oportuna e adequada (artigos 27.º e 30.º da Lei n.º 11/87, de 7 de Abril), uma vez que constituem um dos instrumentos mais apropriados para definir os conteúdos concretos da acção pública urbanístico-ambiental [3].

---

[1] COLAÇO ANTUNES, *op. cit.,* p. 659 e ss.

[2] Neste sentido, COLAÇO ANTUNES, *op. cit.,* p. 644 e ss.

[3] COLAÇO ANTUNES, *op. cit.,* p. 657, o que, aliás, está em consonância com o devir do direito comunitário. Cfr. as várias propostas de Directiva (do Conselho e, mais recentemente, também do Parlamento Europeu) relativas à avaliação dos efeitos de determinados planos e programas sobre o ambiente, tendo a última proposta (alterada) a data de 18 de Fevereiro de 1999.

Somos mesmo de opinião que uma interpretação conforme ao princípio do planeamento e ordenamento do território sustentado exige, constitucionalmente (artigos 66.º/2 e 90.º), a sujeição de alguns dos planos territoriais a avaliação de impacto ambiental, apesar do silêncio manifestado na nova Lei de Avaliação de Impacto Ambiental (Decreto-Lei n.º 69/2000, de 3 de Maio) e do Decreto-Lei n.º 380/99, de 22 de Setembro, não obstante as constantes referências do último diploma à protecção do ambiente (por exemplo, artigos 4.º, 7.º, 10.º, 12.º, 13.º e 14.º, bem como a Lei n.º 48/98, de 11 de Agosto). Seria este, aliás, o desenvolvimento normativo mais consentâneo com o disposto no artigo 4.º da Lei n.º 83/95, de 31 de Agosto. Neste preceito diz-se claramente que "a adopção de planos de desenvolvimento das actividades da Administração, de planos de urbanismo, de planos directores e de ordenamento do território... com impacte relevante no ambiente... devem ser precedidos, na fase de instrução dos respectivos procedimentos, da audição dos cidadãos interessados e das entidade defensoras dos interesses que possam vir a ser afectados por aqueles planos ou decisões". Se o instrumento vocacionado para sentir as preocupações dos cidadãos em matéria ambiental é, naturalmente, o instituto de avaliação de impacto ambiental, por maioria de razão quando está em causa a elaboração de planos urbanísticos ou de ordenamento do território, até porque, segundo a Lei n.º 11/87, de 7 de Abril (artigo 27.º/1/g)), o procedimento de

---

Finalmente, a Directiva 2001/42/CE (do Parlamento Europeu e do Conselho), de 27 de Junho, contempla a avaliação dos efeitos de determinados planos e programas no ambiente. Tal como outros diplomas, esta Directiva surge num momento posterior à elaboração e feitura deste trabalho.

avaliação de impacto ambiental é um instrumento de ordenamento do território.

Dentro da perspectiva defendida, importa ver o solo não apenas como suporte físico de diversas actividades humanas, como matéria prima, como espaço agrícola e florestal, mas também e muito especialmente como elemento ecológico relevante em si mesmo [1]. O solo encontra-se, enquanto recurso limitado e escasso, sujeito actualmente a vários tipos de erosão que se impõe conter, como a erosão hídrica, eólica, desumidificação, salinação, alcalinização ou encrostamento asfáltico [2]. Acresce que o solo não se pode separar, senão artificialmente, dos seus atributos (vegetação, fauna, paisagem...). Estes processos, que poderíamos considerar como conaturais ao solo, são obviamente agravados por diversas actividades, sendo que os processos de urbanização e ocupação edificatória do espaço rural e natural têm contribuído para uma transformação frequentemente irreversível do solo. Recorde-se que os planos urbanísticos (Planos Directores Municipais) em vigor têm ampliado brutalmente a área de solo com vocação edificatória [3].

---

[1] AVILA ORIVE, *op. cit.,* p. 22 e ss.

[2] Preocupações neste sentido foram já manifestadas pela Conferência Europeia de Ministros do Ordenamento do Território, celebrada em Lausanne, em Outubro de 1988. A estes componentes poderíamos juntar a do solo como recurso mineral ou geológico e como paisagem, elemento que integra já uma componente histórico-cultural variável de época para época. Assim, o Tribunal Constitucional espanhol, Sentença 102/1995, de 26 de Junho.

[3] Segundo dados recentes, permitiria a construção de habitações para trinta milhões de pessoas. Cfr. MAGALHÃES RAMALHO, "Ambientalistas e fundamentalismo", in *O Público,* 13 de Maio de 2000. Segundo dados oficiais, o número de "licenciamentos" de obras particulares tem ultrapassado os cem mil nos anos de 1999 e

Nesta perspectiva, autores há que sustentam a necessidade de passar de um zonamento prescritivo a um *zonamento proscritivo*, em combinação com uma planificação urbanística flexível [1].

Em conclusão, poucas actividades humanas existem tão consumidoras e transformadoras do solo como o urbanismo e respectiva planificação; solo que é um recurso irrenovável, pelo que qualquer ideia mínima de planeamento sustentável exigirá a correspondente submissão a avaliação de impacto ambiental. O solo é um elemento fundamental e natural do ambiente (artigos 6.º/ d) e 13.º da Lei n.º 11/87, de 7 de Abril), sendo certo que há actividades públicas (ou mesmo privadas) associadas ao urbanismo que estão sujeitas a avaliação ambiental, como acontece com certos projectos que determinam a necessidade de expropriação por utilidade pública (artigo 12.º/1/e) do Decreto-Lei n.º 168/99, de 18 de Setembro) ou ainda os projectos (de infra-estruturas) referenciados no n.º 10, alíneas a) e b) do Anexo II do Decreto-Lei n.º 69/2000, de 3 de Maio.

Para concluir este ponto, a nova Directiva 2001/42/CE, de 27 de Junho, ainda que de forma mitigada, veio dar satisfação às preocupações anteriormente expostas.

2000, o que é manifestamente excessivo e constitui o dobro da média europeia.

[1] Assim, por exemplo, G. LEFCOE, "California's Land Planning Requirements: The Case for Deregulation", in *Southern Calif. Law Review*, n.º 54, 1981, p. 487. Criticamente, R. LINOWES / D. ALLENS-WORTH, *The Politics of Land Use: Planning, Zoning and the Private Developer*, New York, 1981, p. 148, que referem a tentação do diletantismo do zonamento proscritivo.

Decisivo, nesta discussão, é distinguir entre a natureza das *medidas* e a natureza dos *efeitos* pretendidos.

5. Um outro ponto a merecer algum esclarecimento e meditação é o que se refere à evolução da planificação urbanística na Europa – Alemanha, França, Espanha e Itália – e nos Estados Unidos.

Da análise comparatística sobressai a ideia de um certo cepticismo em relação à planificação tradicional, sendo que em Espanha houve lugar recentemente (1997) a graves problemas de constitucionalidade (Sentença 61/1997, de 20 de Março, que declarou inconstitucionais, ao abrigo do artigo 149.º/3 da Constituição espanhola, todos os artigos do texto único da lei do solo que tinham carácter substitutivo) (177) e a relevantes alterações legislativas (Lei n.º 6/1998, de 13 de Abril e Lei n.º 38/99, de 5 de Novembro).

Chama-se ainda a atenção para a célebre Lei Valenciana sobre a actividade urbanística que, à luz de critérios empresariais da actividade urbanística, substituiu o proprietário do solo pelo construtor imobiliário, que passa a constituir uma espécie moderna do tradicional concessionário de obras públicas [1].

Da experiência alemã, retira-se a ideia de uma articulada disciplina que distingue várias tipologias de planos, onde a rigidez do princípio da conformidade (hierarquia dos planos) tem dado o passo a uma crescente flexibilidade, apontando-se, assim, para uma articulação planificatória urbanística flexível, pluralista e situacional [2].

---

[1] Cfr., por exemplo, F. LÓPEZ RAMÓN, "La situazione dell'urbanistica spagnola", in *Presente e futuro della pianificazione urbanistica, op. cit.,* p. 29 e ss.

[2] SCHMIDT-AßMANN, "L'evoluzione del principio di conformità ai piani nel diritto urbanistico tedesco", in *Presente e futuro della pianificazione urbanistica, op. cit.,* p. 3 e ss.

De acordo com o princípio do desenvolvimento urbanístico em conformidade com o plano, a "reserva de hierarquia tem dado lugar, lenta mas progressivamente, à reserva de flexibilidade". Desenvolver o plano de utilização de áreas *(Flächennutzungsplan)* não significa agora uma mera execução deste pelo plano de urbanização *(Bebauungsplan)* [1]. Enquanto o primeiro é um plano urbanístico *preparatório,* o segundo é um plano vinculante (§§ 8/2 e 10 BauGB).

A violação do princípio do desenvolvimento urbanístico constitui formalmente violação de lei e a consequente invalidade do plano inferior. Porém, segundo o § 214 do BauGB, tal vício só releva se vier prejudicado o ordenado desenvolvimento urbanístico, verificando-se, simultaneamente, uma ampliação dos casos de dispensa de uma rígida hierarquia dos planos em matéria de licenciamento de obras. Com o limite dos aspectos fundamentais da planificação não serem atingidos.

Em suma, começa a desenhar-se, na Alemanha, uma planificação mais flexível e cooperativa, sem prejuízo da permanência do princípio da hierarquia na sua forma mais exigente.

Já na Itália, um pessimístico adeus ao plano (prescritivo) parece acentuar-se, caminhando-se, entretanto, para uma solução que passa pela distinção entre plano estrutural e plano operativo, pretendendo-se desta forma

---

[1] Veja-se SCHMIDT-Aßmann, *Besonderes Verwaltungsrecht,* 11.ª ed., Berlin, New York, 1999, pp. 73 e ss, e 289 e ss.

Por último, foi introduzido o plano regional de utilização de áreas (§ 9 ROG), cuja vocação é a de integrar, com transparência, os níveis tradicionais de organização do território e da planificação urbanística. Cfr. R. KOCH, "Der Regionale Flächennutzungsplan: Potentiale, Probleme, Lösungsansätze", in *RuR,* 2000, p. 390 e ss.

atenuar a conformação da propriedade pelo "caro" *piano regolatore generale* [1]. De todo o modo, o problema não é de fácil resolução, se não esquecermos que o território não deixa de ser constituído por plúrimas propriedades.

Em extrema síntese, com o (novo) plano territorial de coordenação provincial (d. lgs n.º 112/98) têm-se vindo a acentuar os critérios da hierarquia dos interesses e da competência entre os planos, a par de uma relativa perda da teoria da cascata planificatória [2].

A experiência francesa revela-se fundamentalmente no enriquecimento do conteúdo da planificação, tal como a alemã, e na ideia de harmonização da planificação urbanística com os interesses gerais do ordenamento do território (o que exige abertura a novos e mais amplos objectivos), como parece resultar das últimas reformas legislativas (ordenamento sustentável e desenvolvimento do território), reformas a que, aliás, julgo não termos sido indiferentes. De qualquer forma, tem vigorado na relação entre os planos tradicionais (*schéma directeur d'aménagement et d'urbanisme, plan d'occupation des sols* e a *zone d'aménagement concerté*) o princípio da compatibilidade, sendo certo que a jurisprudência interpreta o vínculo de compatibilidade mais rigorosamente em relação ao P.O.S. do que em relação a outros planos, nomeadamente no que concerne à concessão de licenças de construção [3]. Entretanto, veio à luz um diploma urbanístico da maior relevân-

---

[1] Neste ponto, tem-se destacado P. STELLA RICHTER, *Ripensare la disciplina urbanistica, op. cit.*, p. 93 e ss.

[2] Cfr. P. URBANI / S. CIVITARESE, *Diritto urbanistico, organizzazione e rapporti*, Torino, 2000, p. 286 e ss.

[3] GÉRARD MARCOU, "L'esperienza francese", in *Presente e futuro... op. cit.*, p. 41 e ss.

cia. Nas palavras de Y. JEGOUZO [1], estamos perante a mais importante reforma do direito urbanístico francês depois de 1983. Antecederam este diploma outras duas leis muito relevantes: as leis de 25 de Junho de 1999 e de 12 de Julho de 1999, na sequência de outra importante alteração legislativa, a lei de 4 de Fevereiro de 1995.

Com efeito, a lei de 13 de Dezembro de 2000, trouxe outra arrumação e qualificação dos instrumentos planificatórios [2], a que nem o célebre P.O.S. ficou indiferente, cedendo o passo aos *Plans Locaux d'Urbanisme,* com reforço do princípio da compatibilidade.

Reconhece-se, agora, uma hierarquia entre os diversos níveis normativos, prescrevendo-se que os instrumentos planificatórios de nível inferior devem ser compatíveis com os de nível imediatamente superior. Consagra-se, definitivamente, o princípio da *compatibilidade limitada,* por forma a permitir, ainda que o sistema desenhado pela lei S.R.U. apresente alguma complexidade, uma maior segurança ao nível da concessão de autorizações.

Não descuramos igualmente uma experiência, ainda que moderna e emergente, tão importante como ignorada como é a dos Estados Unidos, perspectivando também o futuro do direito urbanístico e das suas técnicas inovadoras (*exactions* (negociações pontuais), *development agreements* (convénios urbanísticos), *impact fees, housing linkage, mitigation fees* (contributos urbanísticos em matéria de infra-estruturas e equipamentos de natureza regu-

---

[1] "La loi Solidarité et renouvellement urbains: présentation générale", in *A.J.D.A.,* n.º 1, 2001, p. 9 e ss.

[2] Os "esquemas de coerência territorial" substituíram os velhos "esquemas directores" (cujo sucesso foi escasso, apenas duzentos foram aprovados), acrescentando-se um novo instrumento planificatório – as "cartas municipais".

lada e semi-negociada)). É que a história ou o "presente" dos outros pode ser o nosso futuro, uma vez que a história (também no direito urbanístico) não evolui linearmente.

No que se refere à planificação urbanística norte--americana, a nossa tese é a de que a sua principal marca intelectual está na vocação racionalizadora e reformista (não nos parece, ao contrário dos outros autores, que se possa distinguir o ímpeto reformista da sua tonalidade racionalizadora). Se é verdade que a vertente reformista da planificação urbanística norte-americana se deixou notar mais vincadamente em certos momentos históricos crísicos (Guerras Mundiais e as novas cidades do *New Deal)*, ela nunca deixou de estar presente na *praxis* urbanística. A diferença em relação ao sistema urbanístico europeu está em que no nosso continente estes dois momentos raramente coincidiram historicamente, talvez porque o urbanismo norte-americano é essencialmente moderno.

Outras notas caracterizadoras do direito urbanístico dos Estados Unidos é a surpreendentemente elevada taxa de actividade planificatória, com contornos participativos de tipo informal que nos recordam o conceito habermasiano de comunicação como forma de agir social. Esta tendência, que FRIEDMAN [1] chama de *mobilizadora*, contribui para uma visão não tecnocrática da planificação, que, por vezes, dá (até) guarida a interesses modestamente relevantes [2].

Onde se verifica uma maior proximidade com a experiência europeia é em Estados como Oregon ou a Califor-

---

[1] J. FRIEDMAN, *Planning in the Public Domain: From Knowledge to Action*, Princeton, New Jersey, 1987.

[2] Em sentido crítico, *vide*, W. FULTON, *Guide to California Planning*, California, 1994, p. 18 e ss.

nia, cujos sistemas de planificação são vizinhos aos modelos europeus, quer no que toca às características do próprio sistema, como nos seus objectivos conservacionistas e reequilibradores do território. Outro dos Estados em que se verificam experiências planificatórias relevantes é a Florida [1].

No que tange à planificação urbanística são ainda expostas as principais técnicas utilizadas nesta matéria, com realce para: a) documentos complementares do plano (*area plan, specific plan, environmental inventory / analysis*); b) variações ao zonamento convencional (tais como: *stop zoning, performance zoning, floating zones, overlay zones, special districts, stream-creek zoning, woodlands protection zoning, critical area zoning, incentive zoning, conditional o contract (re)zoning, developmental standards review, planned unit development, transfer of development rights* ou *site plan review*); c) controlos temporais e planificação de infra-estruturas (*rates of growth programs, building permit limitations o caps, square footage caps, development moratoria, urban growth boundaries, fiscal impact analysis* ou o *public facilities inventory / analysis);* d) aquisição de solos e contribuições urbanísticas (*land banking, land trust, donation of conservation easements o development rights, exactions, development fees* e *housing linkage).*

Estas são as técnicas essenciais que se têm desenvolvido nos Estados Unidos para controlar o desenvolvimento

---

[1] Na Florida, uma lei estatal recente torna ilegal qualquer norma urbanística que suponha uma redução superior a vinte e cinco por cento do valor económico da propriedade segundo a regulação vigente no momento da sua modificação. Para se ter uma ideia da evolução nesta matéria, veja-se que a sentença de Euclid, de 1926, admitiu a legalidade de formas de zonamento que reduziam o valor dos terrenos em setenta e cinco por cento.

urbano através da sua utilização integrada e faseada ao nível do plano geral-local *(comprehensive plan)* [1], com destaque, sem dúvida, para a técnica do *zoning* [2].

Uma outra experiência importante (que, embora não conste do programa da disciplina, é susceptível de ser indicada aos alunos como objecto de trabalhos) é a experiência urbanística inglesa.

Desde a legislação histórica – *Town and Country Planning Act,* de 1947, *Land Commission Act,* de 1967, *Community Land Act,* de 1975, e seu desenvolvimento posterior, sem esquecer a reacção conservadora dos anos 80 e a respectiva desregulamentação – até à posterior ordenação do território – *Town and Country Planning Act* (1990), *Planning (listed buildings and conservation areas) Act* (1990), com saliência para o regresso aos *Unitary Plans.* Em 1993 é o ano da aprovação do *Leasehold, Reform and Housing and Urban Regeneration Act* [3].

A tipologia dos planos de ordenamento do território e do urbanismo é um dos mais simples quanto ao seu número, ainda que seja muito complexa e casuística quanto ao seu conteúdo. Destacam-se os *Planning Policy Guidance,* os *Regional Policy Guidance,* e, com carácter mais operativo e executivo, os *Structural Plans,* os *Local Plans,* os *Joint Plans* e os *Unitary Development Plans.*

---

[1] Veja-se, entre muitos, R. ALTERMAN, *Private Supply of Public Services. Evaluation of Real Estate Exactions, Linkage and Alternative Land Policies,* New York, 1988; J. B. CULLINGWORTH, *The Political Culture of Planning. American Land Use Planning in Comparative Perspective,* New York, London, 1993; R. BABCOCK, *The Zoning Game Revisited,* Boston, 1985.

[2] Veja-se M. A. WOLF, *Land Use Planning,* 4.ª ed., Aspen, 1989, p. 163 e ss.

[3] Quanto aos governos trabalhistas, a preocupação maior parece ter sido revitalizar o poder local (diminuído com os governos conservadores), como se reconhece no *Local Government Act* de 2000.

O epicentro do modelo urbanístico britânico é o processo de negociação com a Administração local, com o fito de obter o célebre *planning permission.*

A propriedade em Inglaterra não é um direito absoluto, nem factual nem juridicamente, sem que todavia o planeamento urbanístico (extremamente flexível e não vinculativo) outorgue ou retire algo de essencial ao direito de propriedade. O solo não se qualifica, mas classifica-se, e os limites à propriedade e aos seus direitos, basicamente o *ius ædificandi,* são negociáveis, conduzindo ao já referido *planning permission* [1].

Em jeito de nota final, das experiências vividas e analisadas não retiramos a conclusão de CARL SCHMITT, cujo *Der Nomos der Erde* (1950) parece identificar a *lei da terra* com o fundamento mítico da justiça e da equidade.

Se é certo que muitos dos paisagistas contemporâneos acreditam que a natureza e a agricultura biológica são as fontes de um ordenamento do território inspirado na ecologia e no *land-art,* então essa "lei da terra" não pode ignorar o *genius loci,* enquanto elemento legitimador do novo pacto social.

A Convenção Europeia da Paisagem, aprovada pelo Conselho da Europa, em 19 de Julho de 2000, bem como a II Bienal Europeia da Paisagem, são sinais evidentes de preocupação e de ansiedade relativamente a uma paisagem que se degrada velozmente. A paisagem não é apenas uma invenção do espírito, é também uma "realidade" visual.

---

[1] Sobre os aspectos referidos, cfr, entre outros, J. CAMERON BLACKHALL, *Planning Law and Practice,* London, 1998, p. 14 e ss; D. COWAN, *Housing Law and Policy,* Hampshire, 1999, p. 56 e ss; e J. B. CULLINGWORTH / V. NADIN, *Town and Country Planning in Britain,* 12.ª ed., London, 1997.

A nível nacional, alguns governos, como o britânico, enfrentam (contraditoriamente, como se viu) este fenómeno, proibindo a construção em áreas intactas e permitindo-a apenas em zonas já edificadas – *brownfields;* outros, como a Holanda, tentam (com mais coerência) reforçar os perímetros urbanos, ao traçar uma linha ("vermelha") entre o espaço urbano e o espaço rural.

Todos estes ímpetos europeus e nacionais são relevantes e lúcidos, ao perceberem que o urbanismo expansivo (com a sua planificação faraónica) é irracional, ao colidir brutalmente com as fundações naturais e estéticas do nosso existir. Sem adequado ordenamento do território não há urbanismo de feição humana.

Também aqui são precisos alguns *passos épicos,* porque a paisagem e o urbanismo são também uma geografia voluntária do belo e da qualidade de vida, existencialmente amparados numa concepção constitucional do *Artefaktenlandschaft.*

CAPÍTULO III

REGIME JURÍDICO DOS INSTRUMENTOS DE GESTÃO TERRITORIAL

CAPÍTULO III

1. Abordamos agora o Capítulo reservado ao estudo do travejamento jurídico dos chamados instrumentos de gestão do território, com especial incidência nos Planos Regionais, Especiais e Municipais de Ordenamento do Território.

Os pontos em análise são vários: conceito, tipos de planos, âmbito espacial de aplicação, objectivos, procedimento de elaboração, conteúdo, eficácia jurídica, sistemas e instrumentos de execução dos planos, alteração, revisão suspensão e avaliação dos planos.

Questão a merecer particular atenção e aprofundamento é o que se refere à relação entre os vários tipos de planos, por forma a verificar o sentido e alcance do princípio da hierarquia, bem como a correcta utilização dos instrumentos de execução dos planos urbanísticos municipais.

Se é verdade que este princípio, nas suas diferentes vertentes, continua, apesar da imprecisão dos conceitos, a orientar a planificação territorial no Decreto-Lei n.º 380/99, de 22 de Setembro (artigos 23.º, 24.º e 25.º), julgamos que não será menos correcto afirmar a tendência crescente para um planeamento interactivo assente em planos flexíveis e em formas cooperativas de planificação, em obséquio aos princípios da articulação-coordenação ou da compatibilidade.

De acordo com o referido quadro legal, a força vinculativa do princípio da hierarquia apresenta-se variável em função da relação entre os vários tipos de planos, sem que o legislador nos esclareça claramente (com reflexos na invalidade dos planos, cfr. o artigo 102.º do Decreto-Lei n.º 380/99, de 22 de Setembro), até pela labilidade conceptual utilizada, em que casos se deve aplicar a sua faceta mais rigorosa (*conformidade* dos planos) ou a sua faceta menos rigorosa (*compatibilidade* entre os planos) ou mesmo a articulação e cooperação.

Atendendo ao disposto no artigo 23.º/1 do Decreto-Lei n.º 380/99, de 22 de Setembro, a relação entre o programa nacional da política de ordenamento do território, os planos sectoriais, os planos regionais e especiais de ordenamento do território parece traduzir-se numa genérica observância do princípio da *compatibilidade*.

Observando mais em detalhe o referido diploma, se as relações entre os instrumentos de gestão territorial de âmbito nacional e regional são pautadas pelo princípio da compatibilidade, a verdade é que, nalguns casos, tal compatibilidade parece ser recíproca (o artigo 23.º/1, fala de "um compromisso recíproco de compatibilização das respectivas opções") pelo que melhor seria falar em articulação. Já noutras situações, à excepção do disposto no artigo 25.º/2, a relação planificatória insinua tonalidades mais conformes com a ideia clássica de hierarquia (artigo 23.º/2). De todo o modo, isto só é possível na medida em que os diferentes degraus de planeamento estejam entre si numa relação de necessidade, como parece agora resultar, no que toca aos Planos Municipais de Ordenamento do Território, dos artigos 84.º/3 e 87.º e seguintes do Decreto-Lei n.º 380/99, de 22 de Setembro.

Se a articulação parece reger a relação entre os Planos Regionais e Especiais de Ordenamento do Território, já a sua relação, atendendo, inclusive, à diferente força jurídica e detalhe (artigo 3.º), com os Planos Municipais de Ordenamento do Território, se apresenta, ora como relação de compatibilidade, no primeiro caso, ora como relação de conformidade, no segundo. Trata-se, porém, à excepção das relações com o Programa Nacional e com os Planos Especiais, de uma hierarquia temperada, como resulta do disposto no artigo 80.º/3/ a), b) e c) do Decreto-Lei n.º 380/99, de 22 de Setembro.

É, assim, visível, apesar da promiscuidade linguística legislativa (que parece não saber distinguir entre compatibilidade e conformidade), que o princípio da hierarquia já não é o que era, atenuando-se nitidamente, como resulta do disposto no n.º 3 do artigo 80.º do Decreto-Lei n.º 380/99, de 22 de Setembro. Também no que tange à relação entre os Planos Municipais de Ordenamento do Território, apesar de pontificar o princípio da conformidade, somos de parecer que o actual regime em vigor atenua o princípio da hierarquia (na sua versão mais rigorosa), *maxime* do Plano Director Municipal em relação aos planos inferiores – Plano de Urbanização e Plano de Pormenor – (cfr. o artigo 80.º/3/d) e e)), falando-se também a este propósito de hierarquia mitigada ou até algo mais (artigo 25.º/3).

Parece, assim, ter-se acentuado o carácter programático do Plano Director Municipal, vincando-se a distinção entre planificação estrutural e planificação operativa, o que, a ser assim, teria a vantagem de permitir distinguir a parte do plano que se limita a reconhecer direitos adquiridos, daquela outra que constitui ou pode conferir novos direitos.

Com efeito, a tonalidade "programática" do Plano Director Municipal confere-lhe especificidade de conteúdo, diversificando-o dos planos operativos e executivos que passam a ter o seu próprio âmbito material (artigos 85.º, 88.º e 91.º do Decreto-Lei n.º 380/99, de 22 de Setembro). Por outras palavras, a especialização do conteúdo do Plano Director Municipal, assinalando-lhe um diverso e bem determinado papel, amplia naturalmente a autonomia dos planos inferiores (com refracções óbvias ao nível da discricionaridade da actividade administrativa local), que passariam, assim, a respeitar especialmente as orientações e directrizes do Plano Director Municipal.

Somos de opinião que, para lá das aparentes contradições e imprecisões detectadas no quadro legal, é possível e adequada outra leitura do princípio da hierarquia, tornando globalmente mais elástico o sistema planificatório desenhado pelo Decreto-Lei n.º 380/99, de 22 de Setembro. Por outro lado, esta interpretação parece ser a que melhor se encaixa com o espírito e a letra do Decreto-Lei n.º 555/99, de 16 de Dezembro (recentemente alterado), permitindo, inclusive, uma execução dos planos (artigos 119.º e seguintes e 126.º e seguintes) mais favorável a uma real perequação de benefícios e encargos entre os proprietários. A linha divisória que separa os proprietários ricos dos proprietários pobres, no momento em que algumas áreas se tornam edificáveis e outras não ou mesmo sujeitas a vínculos mais ou menos ablativos, atenuar-se-á ainda mais, não descurando, naturalmente, os mecanismos de perequação previstos no artigo 135.º e seguintes do Decreto-Lei n.º 380/99, de 22 de Setembro.

Acrescentaríamos que tal entendimento poderia, inclusive, beneficiar formas associativas e contratuais entre os proprietários do solo com a Administração. Depois, uma maior flexibilidade, adequada a um *zonamento situacional*, não só permitirá uma maior solidificação dos planos, como tenderá a tornar relativamente indiferentes os proprietários em relação à localização das intervenções públicas e à individualização das áreas sobre as quais é possível construir.

De outra forma, receamos que o actual modelo de planificação (sempre o mesmo diploma antes referenciado) entre rapidamente em crise. Para que os esforços planificatórios não se convertam em meros *livros de sonhos* (tantas vezes infelizes), impõe-se acompanhar a flexibilidade da planificação urbanística de uma exigente cultura de responsabilidade (e de responsabilização) dos entes planificatórios. O plano urbanístico, *maxime* o Plano Director Municipal, não pode ser, como tem sido, um mero instrumento de captura de solo urbanizável, dissipando o território que lhe compete gerir de forma adequada e sustentada. A gestão planificada do solo é importantíssima, mas não como tem sido levada a cabo.

A majestosa planificação urbanística ordenada pelo legislador, seguindo confusamente o exemplo clássico do modelo kelseniano, exige uma qualidade normativa e administrativa que não se tem verificado, além de colocar outros problemas como a exigência de uma Administração de qualidade ou o cumprimento ordenado e cronológico da planificação, o que, em regra, não tem sucedido.

Reportando-nos à crise das fontes (e mesmo das meta-fontes que as acompanham), tal como estas têm sido tradicionalmente entendidas [1], se o legislador, a meu ver bem (apesar dos problemas dogmáticos e até constitucio-

---

[1] ROMANO TASSONE, "Modelli di pianificazione urbanistica e pluralità delle fonti del diritto", in *Presente e futuro..., op. cit.*, p. 105 e ss. Ver também P. STELLA RICHTER, *Ripensare la disciplina urbanistica, op. cit.*, p. 5 e ss.

nais que tal operação implica) [1], tem sabido privilegiar as fontes subprimárias (artigos 86.º/1/a), 89.º/1/a) e 92.º/1/a) do Decreto-Lei n.º 380/99, de 22 de Setembro), garantindo maior flexibilidade operativa aos planos, a verdade é que esta opção deveria comportar, em paralelo com a atenuação do princípio da hierarquia na planificação urbanística municipal, uma crescente vinculação (substancial) dos poderes planificadores quanto à definição do conteúdo dos planos.

A exigência de uma *planification souple,* defendida pela moderna cultura urbanística, parece, aliás, ajustar-se melhor a uma planificação efectiva e apropriada às diversas exigências territoriais. Pensamos mesmo que tal entendimento favorece uma correcta hierarquia e composição dos interesses (públicos e privados) envolvidos na planificação urbanística, sem que a hierarquia (formal) dos planos sobreleve excessiva e desproporcionadamente a hierarquia (substancial) dos interesses [2].

Curiosamente, uma certa "desierarquização" ou "desplanificação", ao invés da descodificação ou desregulamentação (apelidada de simplificação), não põe em causa (bem pelo contrário, como se vê) o primado da fonte legislativa na disciplina dos instrumentos planificatórios. Um *Begriffskern* da urbanística local pressupõe uma reserva do Plano Director Municipal, mas este não deve ser excessivamente impositivo ou prescritivo.

---

[1] Cfr. ALVES CORREIA, *O Plano Urbanístico...*, *op, cit.,* p. 338 e ss. Vejam-se ainda VIEIRA DE ANDRADE, "Autonomia regulamentar e reserva de lei (Algumas reflexões acerca da admissibilidade de regulamentos das autarquias locais em matéria de direitos, liberdades e garantias)", in Separata do *B.F.D.U.C.,* 1987, p. 9 e ss, e SÉRVULO CORREIA, *Legalidade e Autonomia Contratual nos Contratos Administrativos,* Coimbra, 1987, p. 268 e ss.

[2] ROMANO TASSONE, *op. cit.,* p. 109.

Ao invés, à utopia das grandes narrações planificatórias (outra vez o Decreto-Lei n.º 380/99, de 22 de Setembro), o legislador acrescenta o mito da desregulamentação, como é visível no Decreto-Lei n.º 555/99, de 16 de Dezembro, atenuando o controlo administrativo correspondente ao momento autorizativo, o que deixa subentendido a "luva" da mão invisível.

Em síntese, o problema planificatório não está tanto no modelo procedimental, como no conteúdo dos planos e na ausência de uma *cultura de projecto* de cidade (e do território) que deveria enformar uma planificação cultural e ambientalmente sustentada.

No que toca aos sistemas e instrumentos de execução dos planos urbanísticos, sem deixar passar aqui uma abordagem (geral) do seu regime jurídico, achamos por bem trazê-los à colação, com maior agudeza, em momentos posteriores, nomeadamente quando abordamos os efeitos dos planos no direito de propriedade do solo.

Um outro problema não omitido, com repercussões na própria funcionalidade da execução dos planos, é o da exigência de uma correcta política dos solos, por forma a permitir uma oferta temporalmente adequada do solo urbano e urbanizável (a preços razoáveis). Trata-se de uma questão da maior centralidade, com implicações graves ao nível das técnicas indemnizatórias e perequativas (vejam-se, por exemplo, os artigos 133.º/c) e 137.º do Decreto-Lei n.º 380/99, de 22 de Setembro), como da própria exequibilidade financeira dos instrumentos de gestão territorial.

CAPÍTULO IV

DA DISCRICIONARIDADE DOS PLANOS URBANÍSTICOS À INCERTEZA E CONFORMAÇÃO DO DIREITO DE PROPRIEDADE PRIVADA DO SOLO

CAPÍTULO IV

1. Trata-se agora de dar conta do conteúdo pertinente ao Capítulo IV – Da discricionaridade dos planos urbanísticos à incerteza e conformação do direito de propriedade do solo.

A insistência em aspectos planificatórios no Programa da disciplina deve-se à convicção de que, no quadro legal em vigor, o direito urbanístico é, em boa medida, o direito dos planos urbanísticos, como é, aliás, confirmado pelo direito comunitário [1]. A planificação significa substancialmente que "nenhuma" transformação territorial (e imobiliária) pode ser legitimamente efectuada se não na base das previsões dos planos urbanísticos municipais (PMOT's). Recorde-se que são actualmente muito poucos os municípios que ainda não estão dotados de Plano Director Municipal [2]. Isto quer dizer que o regime urbanístico da propriedade do solo é essencialmente moldado pelo plano urbanístico de âmbito municipal.

Um dos aspectos essenciais a caracterizar a planificação urbanística é, precisamente, a tonalidade discricio-

---

[1] SCHMIDT-Aßmann, *Das allgemeine Verwaltungsrechts als Ordnungsidee,* München, 1998, p. 279 e ss.

[2] Cfr. ALVES CORREIA, "Problemas actuais do direito do urbanismo em Portugal", in *CEDOUA,* n.º 2, 1998, p. 11.

nária que a impregna. Assim sendo, impõe-se uma particular atenção nesta matéria, bem como aos respectivos limites, sobretudo se tivermos em conta a capacidade conformadora do direito de propriedade pelos planos municipais e especiais de ordenamento do território.

Um dos aspectos mais sugestivos da discricionaridade dos planos urbanísticos (mais uma vez em consonância com a nossa noção de direito urbanístico, temos como referência os PMOT's), nem sempre devidamente salientado pela doutrina, é o que se prende com a *dupla* natureza dos planos: administrativa e normativa. O plano é um "acto-norma", face à sua ambivalência actícia-procedimental e regulamentar [1].

Sobre a natureza jurídica dos planos já se disse muito, apesar do problema se manter dogmaticamente aberto. Recordando o que foi dito atrás aos alunos nesta matéria, uns consideram-nos actos administrativos (individuais ou gerais); para outros são regulamentos ou actos complexos, sem que falte a tese de que estamos perante um *aliud,* um *tertium genus,* que não se reconhece nas anteriores categorias [2]. Os critérios para decidir uma ou

---

[1] E. DESDENTADO DAROCA, *Discrecionalidad Administrativa y Planeamiento Urbanístico (Construcción teórica y análisis jurisprudencial),* Pamplona, 1997, p. 293 e ss.

Na sua dimensão normativa, trata-se de *regulamentos funcionais,* ou seja, de actos normativos, dotados de certa autonomia, conexos a funções particulares (especiais) da Administração pública.

[2] Um quadro bastante completo sobre as várias teses expressas na doutrina pode ver-se em L. MAZZAROLLI, *I piani regolatori urbanistici nella teoria giuridica della pianificazione,* Padova, 1967, p. 330 e ss. Todavia, um dos primeiros autores a pronunciar-se sobre a questão foi M. S. GIANNINI, "Sull'imputazione dei piani regolatori", in *Giur. compl. cass. civ.,* II, 1950, p. 885 (onde sustentou a natureza normativa do plano), tendo, posteriormente, "Provvedimenti amministrativi generali e regolamenti ministeriali", in *Foro it.,* III, 1953, p. 19,

Conteúdo Programático – Capítulo IV 147

outra qualificação são naturalmente diferentes em cada sistema jurídico, em função, nomeadamente, da própria tipologia, analiticidade das (suas) determinações e eficácia jurídica dos planos. Assim, os planos inferiores, operativos e executivos, tendem inevitavelmente a ser mais concretos e específicos nas suas prescrições (regulando o espaço urbano "milímetro a milímetro" e, por isso, com níveis de discricionaridade menores), atenuando a sua natureza regulamentar e aproximando-se do particularismo dos actos administrativos. Neste contexto, poder-se-á mesmo referir que é especialmente delicada a distinção entre "norma-medida" e acto administrativo [1].

Se entendermos que a actividade planificatória é uma actividade administrativa a meio caminho entre a acção e a regulação, não custa ver no plano uma instituição complexa, norma e acto simultaneamente. Procedimentalmente (elaboração do plano *in itinere*) é um conjunto de actos, já quanto ao resultado, ao elemento estático, final, é uma norma administrativa municipal (artigos 65.º/4 e 241.º da C.R.P. e 69.º, 74.º, 79.º, 86.º/1/a), 89.º/1/a) e 92.º/1/a) do Decreto-Lei n.º 380/99, de 22 de Setembro). Entendimento que não se afasta do critério das garantias contenciosas previstas na lei, se bem que nos termos do artigo 268.º/4 da C.R.P., nada impede que o acto se enroupe em formas normativas.

Se o "plano" produz efeitos próprios tanto dos actos como das normas administrativas é natural que a discricionaridade se desdobre nestas dimensões: na primeira,

---

defendido que o *piano regolatore generale* é um acto administrativo geral.

[1] GARCÍA DE ENTERRÍA e PAREJO ALFONSO, *Lecciones de Derecho Urbanístico,* Madrid, 1981, p. 184.

conotada com o procedimento de formação do plano, sobressaem vários actos que podem assumir uma feição discricionária; quanto à normativa, que resulta da natureza regulamentar do plano (artigos 69.º/1, 86.º/1/a), 89.º/1/a) e 92.º/1/a) do Decreto-Lei n.º 380/99, de 22 de Setembro), é ela que verdadeiramente molda e conforma o direito de propriedade (artigos 69.º/2 e 71.º e seguintes). Se a faceta administrativa da discricionaridade tem sido alvo da atenção nacional e estrangeira, e já detectada aquando da análise dos princípios estruturantes dos planos urbanísticos [1], já a faceta regulamentar-normativa nem sempre é suficientemente destacada, sendo certo que o grau de discricionaridade da entidade planificatória dependerá da classificação ou tipo de regulamento administrativo [2].

Se olharmos a questão mais de perto, verificamos que nos regulamentos de execução a discricionaridade da Administração é escassa, ainda que possa variar em função do conteúdo mais ou menos detalhado ou poroso da lei. Neste sentido, poderíamos falar de regulamentos estritamente *executivos* (grau mínimo de discricionaridade) e de regulamentos reenviados ou *autorizados,* que dispõem de um grau de discricionaridade que poderíamos classificar de médio [3].

Já no que se refere aos regulamentos autónomos ou independentes (FREITAS DO AMARAL), a margem de discri-

---

[1] ALVES CORREIA, *O Plano Urbanístico...*, *op. cit.*, p. 285 e ss.

[2] Cfr. FREITAS DO AMARAL, *Direito Administrativo*, vol. III, Lisboa, 1989, p. 13 e ss. Do mesmo Autor, *Direito do Urbanismo (Sumários)*, Lisboa, 1993, p. 65 e ss.

[3] Assim, ALVES CORREIA, *op. cit.*, p. 341 e ss; FREITAS DO AMARAL, *Direito do Urbanismo (Sumários)*, *op. cit.*, no âmbito da legislação anterior, inclinava-se a classificar o P.D.M. como um regulamento autónomo, p. 77.

Conteúdo Programático – Capítulo IV
149

cionaridade da entidade administrativa regulamentadora é obviamente maior, dispondo de um poder considerável na conformação da realidade social, *maxime* do direito de propriedade privada do solo. Precisamente porque os Planos Municipais de Ordenamento do Território tocam o conteúdo e os limites do direito de propriedade, discute-se na doutrina se não haverá violação do princípio da reserva de lei (cfr. o artigo 165.º/1/b) da C.R.P.), uma vez que o direito de propriedade é um direito fundamental de natureza análoga aos direitos, liberdades e garantias. Acresce que os planos municipais contêm frequentemente prescrições que constituem verdadeiros actos ablativos (*maxime* expropriações do plano).

Tratando-se de regulamentos *delegados* ou *autorizados,* poder-se-ia dizer que se configura uma discricionaridade administrativo-normativa mediana. Os planos municipais realizam, assim, não uma função de mera complementaridade da vontade legislativa (até pela sua autonomia constitucional, artigos 237.º e 241.º), mas de manifestação de uma vontade outra, própria do Município, que, não se reconduzindo inteiramente ao comando da lei, se expressa essencialmente na liberdade de plasmação do conteúdo do plano e respectiva prognose. É assim que o planificador local pode atribuir um tipo de destino diferente a cada parcela do solo, cabendo-lhe, em larga medida, eleger as fronteiras entre o solo urbanizável e o solo não urbanizável ou prever uma maior ou menor superfície para equipamentos colectivos e zonas verdes e decidir até em que direcção se deve expandir a cidade [1]. Enfim, uma discricionaridade que nos soa demasiado ampla, que haveria que conter, não só através de um controlo jurisdicional

---

[1] E. DESDENTADO DAROCA, *op. cit.*, p. 338 e ss.

mais incisivo, mas sobretudo através de uma maior densificação normativa do diploma que estabelece o regime jurídico dos instrumentos de gestão territorial ou de diplomas tão relevantes como a Lei dos Solos (Decreto-Lei n.º 794/76, de 5 de Novembro, alterado pelo Decreto-Lei n.º 313/80, de 19 de Agosto). Diríamos mesmo que, na esteira da doutrina alemã [1], se trata de uma discricionaridade *anormal,* se não mesmo patológica, mesmo que "técnica" [2].

Em nossa opinião, trata-se, no essencial, de uma discricionaridade técnico-administrativa fortíssima, uma vez que a lei atribui à Administração (Local) uma faculdade de inovação e de intensa conformação do direito de propriedade, sendo que a chamada "discricionaridade técnica" tem aqui uma função importante, que é a de restringir ou limitar as alternativas que a Administração pode eleger. Importa, porém, perceber e explicar que não se trata de uma discricionaridade absoluta e incontrolável, mas de uma "discricionaridade técnica", a qual, sendo condicionada (vinculada) por elementos de avaliação e juízos de natureza técnica, obriga a que a actividade regulamentar desenvolvida pelo Município se deva conter dentro de certos confins (fronteiras) de carácter objectivo, limites que serão obviamente mais vinculados no caso de alteração ou revisão dos planos urbanísticos municipais [3].

---

[1] Veja-se o recente estudo de M. BACIGALUPO, *La Discrecionalidad Administrativa (Estructura normativa, control judicial y límites constitucionales de su atribución),* Madrid, 1997, esp. p. 161 e ss.

[2] Parece ser este, também, o entendimento da jurisprudência espanhola e italiana.

[3] E. PICOZZA, *Il piano regolatore generale urbanistico,* Padova, 1987, pp. 14 e 260 e ss.

Como já salientámos anteriormente, a actividade administrativa planificatória goza de uma enorme "discricionaridade de consequências jurídicas", importando agora desenvolver os respectivos *limites*. Para além das questões tratadas aquando do estudo dos "princípios jurídicos estruturantes dos planos urbanísticos", a nossa atenção dirige--se agora para a especificidade de alguns destes limites, especialmente em relação ao conteúdo do plano.

Trata-se, fundamentalmente, de assinalar a importância dos princípios da igualdade e da proporcionalidade na contenção da *vis* expansiva da discricionaridade planificatória. Mas não só. Os dois princípios constituem relevantíssimos limites (internos) à discricionaridade do conteúdo dos planos. O princípio da proporcionalidade, em sentido amplo, com as suas três vertentes (necessidade, adequação e proporcionalidade em sentido estrito), impõe que as restrições ou as proibições impostas aos particulares, pelas prescrições dos planos, devam ser adequadas, necessárias e proporcionais ao fim público de ordenamento urbanístico definido pelo plano.

O princípio da igualdade, sobejamente tratado pela doutrina, constitui também um limite relevantíssimo ao carácter "discriminatório" e desigualitário do plano (artigo 266.º/2 da C.R.P.), desdobrando-se nos subprincípios da igualdade imanente e transcendente ao plano [1], cuja violação comporta consequências jurídicas distintas e meios processuais variados. Se a violação do princípio da igualdade imanente ao plano tem como consequência jurídica a invalidade das correspondentes disposições dos planos, já no segundo caso (violação ou desvios ao princípio da

---

[1] ALVES CORREIA, *O Plano Urbanístico...*, *op. cit.*, p. 457 e ss.

igualdade transcendente ao plano), o problema põe-se, em função da intensidade e amplitude do sacrifício ou desigualdade patrimonial imposta ao particular, em termos (compensatórios-indemnizatórios) de perequação ou de expropriação do plano (artigos 135.º e seguintes e 143.º do Decreto-Lei n.º 380/99, de 22 de Setembro, além, naturalmente, do Código das Expropriações, Lei n.º 168/99, de 18 de Setembro) [1].

Tocando ainda aspectos jurídico-administrativos de índole essencial, é de salientar a importância que pode adquirir a fundamentação do plano, como limite à respectiva discricionaridade do planeamento urbanístico (artigos 4.º, 77.º/5, 86.º/2/b), 89.º/2/a) e 92.º/2/a) do Decreto-Lei n.º 380/99, de 22 de Setembro) [2].

Está em causa não só a especial intensidade que deve assumir aqui a fundamentação, como a importância dos documentos dos planos, especialmente o *Relatório,* que deve conter as razões que sustentam as soluções adoptadas (no que diz respeito ao Plano Director Municipal, o artigo 86.º/ 2/ b) do referido diploma).

A complexidade do planeamento urbanístico é fonte de frequentes contradições – norma com norma, plano com plano e norma com plano – o que faz do Relatório um elemento qualificado para a compreensão do plano, cuja natureza jurídica reclama uma interpretação sistemática, funcionando aquele (Relatório) como contexto determi-

---

[1] Anote-se que é ainda o princípio da igualdade (artigo 266.º/2 da C.R.P.) a legitimar a imposição de medidas de carácter financeiro e fiscal. Cfr. ALVES CORREIA, *O Plano Urbanístico..., op. cit.,* p. 467.

[2] Cfr. RAMÓN PARADA, *Derecho Urbanístico,* Madrid, 1999, p. 219 e ss.

Conteúdo Programático – Capítulo IV

nante do sentido e alcance das determinações do plano urbanístico [1].

Com efeito, o Relatório, que não é um elemento acidental (ou facultativo), antes obrigatório do plano, exige uma maior concreção e racionalidade das prescrições planificatórias, explicando e fundamentando as opções tomadas pela Administração.

Se entendermos o Relatório como elemento constituinte da fundamentação dos planos (pelo que não é seguro, como sustentam outros autores, que alguns dos documentos que enformam o plano não tenham natureza jurídica), põe-se aqui o problema de saber qual a consequência jurídica resultante da ausência ou deficiência do mesmo. Se nos recordarmos da especial intensidade e até anormalidade que assiste à discricionaridade planificatória (e a proibição de arbítrio imposta pelo princípio da igualdade imanente ao plano), inclinar-nos-íamos a sustentar a tese (com toda a prudência, é certo, uma vez que estamos a falar de normas administrativas) da nulidade das determinações do plano ou do próprio plano, até porque, apesar da generosidade do legislador, os mecanismos de participação-ponderação não são aqui especialmente eficazes, atendendo, nomeadamente, à complexidade técnica da matéria.

Estamos, em princípio, com aqueles [2] que sustentam que a fundamentação da decisão marca a diferença entre o que é discricionário e o que é arbitrário, pelo que o

---

[1] Assim, E. DESDENTADO DAROCA, *op. cit.*, p. 357 e ss.

[2] Cfr. J. DELGADO BARRIO, *El Control de la Discrecionalidad del Planeamiento Urbanístico*, Madrid, 1993, p. 41 e ss, e T. R. FERNÁNDEZ RODRÍGUEZ, *De la Arbitrariedad de la Administración*, Madrid, 1994.

plano e respectivas determinações carenciadas de fundamentação ou esta seja manifestamente insuficiente deverão considerar-se arbitrárias, portanto, nulas [1]. Naturalmente que a esta conclusão não se pode chegar de ânimo leve, antes exigindo uma análise aturada, até porque a ausência ou insuficiência do Relatório pode não ser mecânica e automaticamente equiparável à ausência ou deficiência da fundamentação.

Há, aliás, que atender e perceber que uma coisa é a fundamentação e outra os fundamentos do plano, pelo que as determinações do plano só deverão declarar-se arbitrárias se carecerem de razões de interesse público que as sustentem. Em suma, se forem de todo irrazoáveis, objectivamente infundadas e arbitrárias, constituindo erro manifesto ou "manifesto" e objectivo desvio de poder, indiciador de violação de lei. Solução que sabe a pouco, mas é a partir daqui que o intérprete deve ir mais longe, não renunciando ao arsenal de princípios e instrumentos jurídicos que tem ao seu dispor, por forma a verificar se houve uma ofensa grave e intolerável ao conteúdo essencial de um direito fundamental. Neste sentido, não nos parece aceitável que o particular assuma, por inteiro, o ónus da prova e das alegações, podendo e devendo repartir-se objectivamente o ónus da prova, repartição que, atendendo à natureza discricionária da actividade administrativa, deverá ser tendencialmente favorável ao particular, em obséquio, designadamente, a princípios como o da boa-fé (artigo 6.º-A do C.P.A.). Neste sentido, poderíamos perspectivar o princípio da boa-fé como *regula*

---

[1] Sobre o sentido e alcance da fundamentação, cfr. COLAÇO ANTUNES, *Para um Direito Administrativo de Garantia do Cidadão e da Administração...*, *op. cit.*, p. 17 e ss.

aurea da actividade administrativa discricionária, sem contudo confundir a noção objectiva deste princípio com o da *protecção da confiança* (na lógica da tutela das expectativas geradas pelo comportamento da Administração pública) [1].

No campo administrativo, este princípio (da boa-fé) cobra sentido como norma integrativa do procedimento e do acto. No primeiro caso, procedimental, trata-se de uma norma de aplicação directa, susceptível, assim, de implicar violação de lei (artigo 6.º-A do C.P.A.); já enquanto norma integrativa da decisão administrativa "impõe" o exercício de um poder discricionário e, portanto, uma adequada ponderação dos interesses envolvidos. Acresce ainda que a função integrativa deste princípio é peremptória quanto ao acto, mesmo que falhe no momento procedimental.

Depois desta breve suspensão reflexiva sobre o princípio da boa-fé, diríamos mesmo que, nalguns casos, deveria haver lugar à inversão do ónus da prova, nomeadamente quando a determinação urbanística não está expressamente justificada no Relatório do plano, como de resto é previsível face à natureza necessariamente genérica deste. O administrado poderá encontrar-se numa situação de especial dificuldade probatória, enquanto à Administração seria relativamente mais fácil expor e provar as razões que sustentam a referida opção do plano [2].

---

[1] Assim, a doutrina alemã mais recente. Cfr., por exemplo, H. MAURER, "Kontinuitätsgewähr im öffentlichen Recht", in J. ISENSEE/P. KIRCHOF, *Handbuch des Staatsrechts der Bundesrepublik Deutschland*, vol. III, Heidelberg, 1996, p. 211 e ss. Também aqui a visão alemã se tem estendido a outros ordenamentos jurídicos, como o da França, impondo-se mesmo ao nível da jurisprudência do Tribunal de Justiça das Comunidades Europeias.

[2] Assim, E. DESDENTADO DAROCA, *op. cit.*, p. 361.

Se é certo que o controlo judicial da discricionaridade planificatória assume particular dificuldade e complexidade, há, todavia, que fazer distinções, separando, nomeadamente, as situações de discricionaridade forte (classificação do solo urbanizável), em que se deve verificar necessariamente uma maior contenção do juiz administrativo, daquelas outras de discricionaridade menos intensa (classificação do solo urbano ou mesmo alterações ou revisões dos planos). Distinções que passam ainda pelas naturais diferenças entre discricionaridade administrativa (em que o controlo se aproxima, por vezes, do "bilan-coût-avantages") e discricionaridade técnico-jurídica, onde prevalecem as adequadas provas periciais [1].

Mesmo nos casos em que a actividade planificatória assume contornos de prognose [2], o juiz sempre poderá verificar e controlar a solidez dos dados em que a Administração se baseou para realizar a previsão que justifica a localização e a delimitação do solo com vocação edificatória. Imaginemos que a Administração decide desenvolver a cidade numa determinada direcção e se vem a provar que não é a mais adequada em termos ambientais e até urbanísticos, ferindo zonas de interesse paisagístico

---

[1] J. PONCE SOLÉ, *Discrecionalidad Urbanística y Autonomia Municipal,* Madrid, 1996, p. 152 e ss.

[2] Louvando-nos na literatura alemã, tendo presente a distinção entre *Verwaltungsverordnungen* (regulamentos administrativos) e *Rechtsverordnungen* (regulamentos jurídicos) e até as *Verwaltungsvorschriften* (disposições administrativas), veja-se o estudo fundador (sem esquecer JELLINEK) de JACOBI, "Die Rechtsverordnungen", in *Handbuch des Deutschen Staatsrechts,* vol. II, coord. ANSCHÜTZ-THOMA, Tübingen, 1932, p. 236 e ss.

Sobre o tema, se nos é permitido, COLAÇO ANTUNES, "O direito do ambiente como direito da complexidade", in *Rev. Jur. Urb. Amb.,* n.º 10, 1998, p. 39 e ss e respectiva bibliografia.

ou permitindo índices de construção e volumetrias manifestamente excessivos face às características morfológicas da área. Pensamos, assim, que o juiz administrativo terá uma palavra a dizer quanto ao controlo dessa opção urbanística [1].

Outro aspecto relevante é o que se prende com a possibilidade de acções e "sentenças condenatórias" ou mesmo determinativas [2]. Porém, esta solução só se deverá verificar em casos essencialmente vinculados ou de discricionaridade débil, podendo o juiz "substituir" a qualificação de um terreno como espaço verde, atribuída pela determinação do plano, pela dos terrenos que se encontram na mesma área e têm características intrínsecas semelhantes. Não cremos que em situações como esta se possa dizer que o juiz administrativo invadiu o âmbito de decisão próprio da Administração.

Mas não só, como dizíamos antes, impõe-se ainda não esquecer certos limites mais estritamente urbanísticos, como os *standards* ou o carácter essencialmente vinculado do acto autorizativo (licença ou autorização de construção), problema que trataremos especificamente mais adiante. Todavia, sempre diremos que, apesar do seu carácter pós-planificatório, a natureza fundamentalmente vinculada das licenças urbanísticas (agora das autorizações, por força do artigo 4.º/3 do Decreto-Lei n.º 555/99, de 16 de Dezembro) comporta uma consequência de grande relevo, que é a de diminuir e comprimir o alcance de prescrições planificatórias vaporosas que desnaturem o

---

[1] Veja-se, a este propósito, GARCÍA DE DE ENTERRÍA, *Legislación Delegada, Potestad Reglamentaria y Control Judicial*, Madrid, 1970, p. 57 e ss.

[2] Cfr., assim, VIEIRA DE ANDRADE, *A Justiça Administrativa... op. cit.*, pp. 100 e ss.

seu carácter vinculado, introduzindo subrepticiamente elementos e critérios fortemente discricionários na decisão administrativa [1]. É certo que não se trata de um problema de fácil resolução, sobretudo quando estão em causa valorações estéticas ou outras que tornam complexa a interpretação da norma urbanística ou que implicam um "juízo técnico". Importa, ainda assim, perceber que a discricionaridade só permanece substancialmente até à conclusão do plano, seguindo-se os momentos pós-planificatórios – traduzidos numa actividade administrativa, no fundamental, de natureza vinculada.

O limite essencial é este. Atendendo à presença hegemónica do plano, que para alguns converte as suas prescrições no momento constitutivo do *ius ædificandi,* não vemos como seja possível ao plano continuar a poder "alterar", após a sua aprovação-ratificação, a natureza essencialmente vinculada do acto autorizativo, que se constitui assim num limite ao conteúdo do plano [2].

Regressando ainda aos *standards* urbanísticos, estes parecem-nos igualmente um limite sério à discricionaridade, sem que, paradoxalmente, tenham evitado a crescente especulação do mercado do solo. É certo que a Lei dos Solos estabelece algumas restrições urbanísticas (artigos 14.º e seguintes, 36.º e seguintes ou 41.º e seguintes do Decreto-Lei n.º 794/76, de 5 de Novembro ou ainda o Decreto-Lei n.º 380/99, de 22 de Setembro, nos artigos relativos ao conteúdo material dos Planos Municipais de

---

[1] Como sustentámos noutro estudo, "A fragmentação do Direito Administrativo: Do mito da caverna à utopia da vivenda", *op. cit.,* p. 293 e ss, sempre subsistirá, nalguns casos, alguma traça de discricionaridade.

[2] Neste sentido, E. DESDENTADO DAROCA, *op. cit.,* p. 352.

Ordenamento do Território, designadamente a alínea j) do artigo 85.º do referido diploma), mas isso pode não bastar. E pode não bastar porque se impõe fixar *standards* quantitativos e, sobretudo, qualitativos concretos que tenham em consideração as necessidades sociais e territoriais de cada Município. Referimo-nos exactamente aos índices relativos a zonas verdes e de recreio, aparcamentos, centros culturais, religiosos e assistenciais e à habitação social. A solução poderia passar pela fixação de índices mínimos e máximos, por forma a permitir uma adequação territorial e social às necessidades de cada comunidade, que são naturalmente diversas em vários pontos do país.

Outras limitações à discricionaridade do planeamento podem vir de figuras como os contratos urbanísticos ou da associação dos proprietários do solo com a Administração (artigos 22.º – 26.º da Lei dos Solos, Decreto n.º 15/77, de 18 de Fevereiro, e Decreto-Lei n.º 152/82, de 3 de Maio).

Um outro limite, não despiciendo, é o que se prende com a *força normativa dos factos*, que se reconhece, particularmente, em situações de vinculação situacional do bem [1]. Com efeito, a realidade dos factos, bem como as características intrínsecas e naturais dos terrenos e bens jurídicos supõem um limite à vontade planificatória, pelo que não custa admitir que a força normativa do fáctico seja um critério constrangedor da discricionaridade do planificador.

Poderíamos ainda acenar, como já fizemos antes, à necessidade de, no procedimento de elaboração do plano, serem tomados em consideração todos os direitos e interesses juridicamente relevantes dos particulares (bem

---

[1] E. DESDENTADO DAROCA, *op. cit.*, p. 370 e ss.

como de outros interesses públicos igualmente concorrentes e até colidentes), de acordo com os princípios da completude do material instrutório e da justa ponderação, sob pena de invalidade das determinações dos planos, por violação dos princípios da proporcionalidade, eficiência e racionalidade. Mas, também aqui, o idealismo procedimental alemão tem as suas fragilidades.

Se é certo que o plano urbanístico municipal condiciona o direito de propriedade do solo (determinação do destino e das formas de utilização do espaço), não é menos verdade que o direito de propriedade, constitucionalmente garantido (artigo 62.º), contém e limita também a liberdade de plasmação do conteúdo do plano. Dito de outra forma, o direito de propriedade constitui um limite relevantíssimo à discricionaridade do plano e influencia substancialmente o seu conteúdo, quer na obrigação de ponderação, quer na garantia de existência e de manutenção [1].

Para fechar esta matéria, ainda dois aspectos-limite à liberdade de conformação da propriedade e ao poder discricionário do plano urbanístico. Para começar, os interesses públicos específicos fixados na lei e também intrínsecos a certos bens, como podem ser a protecção do ambiente e da paisagem, implicam, ao invés da planificação, um juízo técnico na sua definição. O que existe aqui é essencialmente uma conformação do território e não da propriedade, atendendo às características físicas essenciais do solo, a não ser que a lei ou a Administração, devidamente autorizada, entenda subtrair aos proprietários a liberdade de realizar as transformações já antes previstas, mas então caminharíamos para formas larvares de expropriação. A hipótese antes configurada – conformação

---

[1] ALVES CORREIA, *O Plano Urbanístico..., op. cit.,* p. 343 e ss.

Conteúdo Programático – Capítulo IV 161

do território – não evita, em abono do princípio da justiça, que deva haver lugar a uma perequação (ou mesmo indemnização, ainda que parcial) entre os proprietários das áreas paisagístico-ambientais e os proprietários de terrenos limítrofes, que não só não sofrem qualquer penalização como podem ver os seus terrenos valorizados.

Em suma, face ao amplíssimo poder discriminatório da planificação urbanística (de certo modo incontornável, porque fazer urbanismo significa necessariamente diferenciar e, portanto, discriminar em relação às diversas situações proprietarísticas), o caminho a seguir não se pode confinar às medidas correctoras das desigualdades criadas pelo plano, mas estará sobretudo na eliminação ou, pelo menos, limitação das próprias desigualdades, condicionando o poder conformador e expropriativo do plano ao estatuto natural e jurídico dos lugares. Mais uma vez a planificação modesto-situacional.

Outro limite de todo relevante, nem sempre lembrado, prende-se com o facto do plano dever ter em consideração a parte já edificada, com particular relevo para aquelas zonas urbanas invariantes, como são, substancialmente, os centros históricos.

2. Um outro *ponto* do Programa a merecer especial evidência, reporta-se às relações do *ius ædificandi* com o plano urbanístico e, naturalmente, com o conteúdo urbanístico da propriedade do solo, matéria sujeita a alguma turbulência doutrinária e legislativa [1].

---

[1] Cfr. ALVES CORREIA, *O Plano Urbanístico...*, op. cit., p. 376 e ss, e FREITAS DO AMARAL, "Apreciação da dissertação de doutoramento do licenciado Fernando Alves Correia, 'O Plano Urbanístico e o

Em poucas palavras, a controvérsia centra-se em saber se o direito de propriedade privada, garantido constitucionalmente, inclui o direito de urbanizar, de lotear e especialmente de edificar, estando apenas dependente de uma autorização permissiva da Administração. Ou se, pelo contrário, tais direitos são antes o resultado de uma atribuição jurídico-pública decorrente do ordenamento jurídico urbanístico, nomeadamente dos planos.

Em resumo, qual o momento constitutivo do *ius ædificandi*? Se bem que o problema seja muito delicado, até pelos seus contornos constitucionais, diríamos que, face ao actual quadro legal em vigor (Decreto-Lei n.º 380/99, de 22 de Setembro e também o Decreto-Lei n.º 555/99, de 16 de Dezembro, recentemente alterado), que aponta para uma ênfase da planificação, com consequente amolecimento do controlo administrativo prévio (e por isso mais intenso nas licenças, ao invés do que acontece com as autorizações (permissivas), artigo 4.º/2/3), o momento constitutivo do *ius ædificandi* parece situar-se, em regra, nas determinações do plano urbanístico, afastando-se, assim, a *sua* inerência ao *ius soli* [1]. De outra forma, mas com o mesmo resultado, estamos perante autorizações (licenças) constitutivas [2].

Uma forma de matizar o problema, por forma a encontrar uma solução mais equilibrada, seria a de deslocar o momento constitutivo para a autorização, mesmo

---

Princípio da Igualdade' ", in *Rev. Fac. Dir. Univ. Lisb.*, vol. XXXII, 1991, p. 99 e ss, que têm sobre esta matéria pontos de vista diferentes.

[1] Assim, por exemplo, os artigos 135.º e ss, e 143.º/3 do Decreto-Lei n.º 380/99, de 22 de Setembro, ou ainda os artigos 24.º/1/a) e 68.º, mas já não os artigos 111.º/b), c) e 113.º do Decreto-Lei n.º 555/99, de 16 de Dezembro.

[2] Neste sentido, ROGÉRIO SOARES, *Direito Administrativo*, Coimbra, 1978, pp. 116 e 117.

Conteúdo Programático – Capítulo IV

havendo plano na área em que se insere a construção, esbatendo as teses mais radicalmente civilistas (tese da inerência do *ius ædificandi* ao direito de propriedade privada do solo) e publicistas, que apontam o momento constitutivo do *ius ædificandi* nas determinações do plano.

Situação de certo modo anómala é a que parece resultar do actual ordenamento jurídico urbanístico, se atendermos que as autorizações permissivas (distintas linguística e conceptualmente das licenças, atendendo, nomeadamente, à densidade de planificação da área respectiva) tendem a ser a regra, na medida em que praticamente todos os Municípios têm hoje Plano Director Municipal em vigor – a que se seguirão naturalmente os Planos de Urbanização e os Planos de Pormenor – com refracções patológicas, como iremos ver mais adiante, ao nível dos deferimentos tácitos (artigos 4.º/3, 111.º/b), c) e 113.º do Decreto-Lei n.º 555/99, de 16 de Dezembro).

3. Um outro problema que perpassa alguns dos pontos deste Capítulo é o que se refere à vinculação (função) social da propriedade privada do solo. Não cremos estar perante um limite inerente ou imanente à estrutura deste direito, mas antes perante imposições jurídicas constitucionais, ainda que indirectas ou implícitas (por exemplo, artigos 1.º, 2.º, 9.º/d), 61.º/1, 62.º, 80.º/d), g), 81.º/b), 103.º/1 da C.R.P.) [1]. A função social não é algo de conatural à propriedade privada (como nos parece também excessivo integrar "naturalmente" no conteúdo do direito de propriedade o plano urbanístico), mas, ao invés, um limite

---

[1] Cfr. JORGE MIRANDA, *Manual de Direito Constitucional*, vol. IV, 3.ª ed., Coimbra, 2000, pp. 528 e 529.

164 Luís Filipe Colaço Antunes

imposto pela consciência colectiva reflectida na lei e *maxime* na Constituição [1]. Em resumo, não é a função social da propriedade a atribuir ao legislador o poder de conformar o seu conteúdo, mas o legislador a conferir tal função à propriedade privada [2].

---

[1] Se retomarmos os caminhos das origens – da *Déclaration des Droits de l'Homme et du Citoyen*, de 1789, ao *Code Civil* – vemos, pela mão brilhante de Robespierre, que na escala de valores adoptada pelo legislador francês prevaleceu a ideia de liberdade como função da propriedade. O que mudou essencialmente não foi o objecto (embora se operasse entretanto um fraccionamento da propriedade) mas a atitude do legislador face à propriedade e ao seu direito. Veja-se C. B. MACPHERSON, *The Political Theory of Possessive Individualism*, Oxford, 1962, pp. 200 e 201, e também J. F. FAURE-SOULET, *Économie Politique et Progrès au Siècle des Lumières*, Paris, 1964, pp. 232 e 233.

Por outras palavras, mais evidente em LOCKE do que em ROUSSEAU, a verdade é que a propriedade fez parte do pacto social originário e originante, o que ajuda a explicar o fracasso das belas teorias, mais ou menos refundacionais, do contrato social de RAWLS ou de HABERMAS. Teorias que, recorrendo, ora ao *véu de ignorância* (RAWLS), ora a um agir comunicacional e procedimental, fundado numa situação linguística ideal (HABERMAS), esquecem (com a simetria igualitária e iluminada dos sujeitos) o realismo ontológico do contrato social originário.

[2] A questão da função social da propriedade levanta, assim, o problema de saber se ela se reporta ao *bem* ou ao *direito*. A nossa opinião, como se depreende do texto, vai para a segunda hipótese, pois quando se sustenta a tese oposta está a confundir-se o objecto com o conteúdo do direito de propriedade. O objecto é o bem, mas a função social vai referida ao conteúdo posto pela norma jurídica. Neste sentido, S. RODOTÀ, *Il terribile diritto. Studi sulla proprietà privata*, Bologna, 1981, p. 247.

Tanto é assim que a propriedade e os bens se referem a momentos distintos, e daí a possibilidade de se estabelecerem regimes jurídicos diferentes sobre o mesmo tipo de bens. Veja-se P. BARCELLONA, *Gli istituti fondamentali del diritto privato*, Napoli, 1979, p. 113 e ss. Defender outro ponto de vista é acreditar que são os bens que ordenam o direito e não o inverso. Se o Senhor K aliena, por vinte e cinco

Por outras palavras, não se trata de advogar uma propriedade de tipo romanístico, evidenciada pelo carácter absoluto dos poderes do *dominus (propriedade subjectiva)*, mas antes de uma *propriedade objectiva* conformada pela Constituição, pela lei e pelos planos urbanísticos, em obséquio ao equilíbrio entre os interesses colectivos e os interesses individuais. Até uma boa parte da doutrina civilística já intuiu a passagem de uma concepção individualista a uma concepção *interindividualista* da propriedade [1].

Uma interpretação constitucionalmente adequada da propriedade não pode centrar-se rígida e formalisticamente na relação entre o titular do direito e a coisa, ignorando todas as relações interindividuais que têm por objecto o bem (ver, por exemplo, os artigos 1346.º e 1347.º do Código Civil). Sob o aspecto estrutural, por exemplo, a disciplina jurídica das emissões poluentes conforma o *ius excludendi* do domínio fundiário e das situações jurídicas derivadas, enquanto sob o aspecto funcional resolve o conflito entre usos diversos e até incompatíveis relativos ao gozo de propriedades vizinhas. O juízo de tolerabilidade não consiste na *gewönliche* ou na *ortsübliche Benutzung*. Os chamados interesses difusos põem também limites à relação de senhorialidade da pessoa sobre a coisa, que justificava o domínio praticamente absoluto sobre os bens

---

mil euros, uma carta manuscrita pelo punho de Dom Manuel I, onde está a função social senão no regime jurídico posto para a tutela de bens culturais? Não creio que possa estar na quantia recebida ou que se tenha transferido para o novo proprietário, o que seria injusto.

[1] Cremos que a tal fenómeno não é indiferente o modelo proposto do *common law,* especialmente a partir da célebre análise hohfeldiana do *bundle of rights.* Cfr. F. H. LAWSON e B. RUDDEN, *The Law of Property,* Oxford, 2.ª ed., 1982, p. 149 e ss.

jurídicos, enquanto a noção moderna de propriedade faz apelo a relações multiformes de alguns não titulares com a *res*.

Dito de outra forma, uma percepção estática do direito de propriedade converte-o num direito terrível [1] (RODOTÀ) e até temível, que privilegiaria os micro-interesses dos proprietários em desfavor dos macro-interesses da pluralidade das pessoas. Por outro lado, não se pode ignorar igualmente a condição e a característica do lugar, que nem sempre se identifica com a situação e a qualidade naturalística do território (vinculação situacional), imposta, nomeadamente, pelo zonamento funcional (consideração jurídico-urbanística sobre a destinação do bem).

A opção por uma ou outra das concepções de propriedade (subjectiva ou objectiva) pode ter diferentes reflexos quanto à demarcação dos limites à edificabilidade susceptíveis de indemnização. Trata-se de saber, na esteira de SANDULLI [2], se os sacrifícios impostos às faculdades inerentes à propriedade privada, que comportem a perda ou diminuição (substancial) do valor patrimonial da propriedade, constituem ou não uma medida ablatória em sentido constitucional.

Feita a separação entre o *ius ædificandi* e o *ius soli*, a tutela das garantias dos proprietários deve encontrar-se na razoabilidade das intervenções legislativas e na juridicidade das medidas administrativas. Pensamos que foi exactamente esta orientação, apesar das suas limitações, que presidiu às disposições pertinentes ao princípio da perequação compensatória dos benefícios e encargos

---

[1] S. RODOTÀ, *Il terribile diritto...*, *op. cit.*, esp. p. 317 e ss.

[2] A. M. SANDULLI, "Profili costituzionali della proprietà privata", in *Riv. Trim. Dir. Proc. Civ.*, n.º 26, 1972, p. 468 e ss.

(artigos 85.°/s) e 91.°/1/g) e 135.° e seguintes do Decreto-Lei n.° 380/99, de 22 de Setembro) e às normas relativas às determinações do plano susceptíveis de configurar uma expropriação (do plano) e, portanto, geradoras do dever de indemnizar os proprietários (artigo 143.° do mesmo diploma), em função da gravidade e intensidade do limite posto à fruição da propriedade. Este *limite* é um *limite do limite* (direito ao direito de propriedade), na medida em que não pode desnaturar o direito de propriedade, sob pena de haver lugar a uma justa e contemporânea indemnização, dulcificando, por outro lado, a *Substanzminderungstheorie* [1]. Saliente-se que o artigo 143.°/1 contempla (carácter subsidiário da indemnização relativamente às técnicas perequativas), tal como acontece com a perequação (artigo 135.°), apenas as restrições determinadas pelos instrumentos de gestão territorial vinculativos dos particulares e desde que não seja possível a compensação nos termos previstos na secção anterior (Secção II). Por outras palavras, apenas estão em causa as restrições e limitações à propriedade privada do solo impostas pelos Planos Especiais e Municipais de Ordenamento do Território (artigo 3.°/2).

Estamos, assim, postos perante uma planificação perequativa e uma planificação expropriativa. A delicadeza maior reside aqui na figura da perequação (visto estar em causa a grande maioria das prescrições do plano, despojadas de carácter expropriativo, cujo escopo é o de definir formas e intensidades diferentes de utilização do solo), estudando-se as respectivas finalidades, técnica e resultados consagrados pelo legislador. Estão sob análise,

---

[1] Cfr. ALVES CORREIA, *O Plano Urbanístico...*, *op. cit.*, p. 360 e ss.

com especial atenção, os mecanismos de perequação (artigos 138.º e seguintes), salientando, nomeadamente, que o disposto no artigo 140.º apresenta claras semelhanças com a técnica francesa do *transfer de C.O.S.*, enquanto o disposto no artigo 142.º/1 lembra as soluções postas pelo ordenamento jurídico alemão (§ 131/2 do *Baugesetzbuch*).

Mas o que é, afinal, o mecanismo jurídico da perequação? A perequação urbanística tem como escopo a distribuição equitativa dos valores imobiliários produzidos pela planificação através de uma relativa e uniforme distribuição dos benefícios e dos encargos resultantes da possibilidade de aproveitamento económico-edificatório do solo derivado da planificação.

Com a perequação pretende-se, de certo modo, atingir os objectivos da "socialização" do capital fundiário e da eficiência das transformações (urbanísticas), como, de modo mais geral, os escopos fundamentais da sustentabilidade do urbanismo. Isto é, a eficiência económico-financeira, a equidade social e a tutela ecológica, sob a forma, por exemplo, de zonas verdes (artigo 137.º do Decreto-Lei n.º 380/99, de 22 de Setembro). Em suma, resolver de forma equitativa, sustentada e ponderada o conflito entre interesses públicos e interesses privados e entre estes últimos [1].

Chama-se, mais uma vez, a atenção para a necessidade do Plano Director Municipal assumir natureza estrutural, definindo o estatuto dos lugares, em respeito, nomeadamente, à vinculação situacional do solo e às características intrínsecas dos terrenos, deixando a conformação (mais intensa) da propriedade para o plano de

---

[1] Cfr. M. A. QUAGLIA, *Pianificazione urbanistica e perequazione*, Torino, 2000, pp. 7 e ss, e 57 e ss.

urbanização. Esta perspectiva estaria, aliás, em consonância com a previsão da figura do zonamento (qualificante) nos planos de urbanização (artigo 88.º/ c) do Decreto-Lei n.º 380/99, de 22 de Setembro). A razão deste novo olhar, que pode conduzir a uma planificação de segunda geração, está em que, ao não ditar específicas classificações e destinações de uso dos solos, o Plano Director Municipal não criaria expectativas jurídicas qualificadas, não definiria o conteúdo da propriedade. O Plano Director, enquanto plano estrutural, ditaria apenas ou sobretudo estratégias, objectivos e finalidades que se dirigiriam mais à Administração e não tanto aos particulares. Tratar-se-ia então de um itinerário jurídico-administrativo do qual não resultariam conflitos imediatos e directos entre os proprietários e a Administração. Não prometendo nada, não se pode exigir nada. Este seria o princípio informador do plano estrutural. Assim, pensamos ser possível avançar com a ideia de que o Plano Director Municipal tende a assumir um conteúdo misto, directivo e ordenador do território nuns casos (a lei fala em planta de ordenamento e não em zonamento) e prescritivo e conformador do direito de propriedade noutros, sem que tal signifique passar a uma urbanística contratual. Sendo de outra forma (artigos 84.º/2, 85.º/e) e 86.º/1), conformando o Plano Director Municipal o direito de propriedade em termos consideráveis, as medidas de índole ablativa cabem essencialmente no seu âmbito, enquanto as medidas susceptíveis de compensação perequativa se concretizam, por indicação normativa, no âmbito dos Planos de Pormenor e das unidades de execução (artigo 85.º/s), 120.º, 135.º, 136.º/2 e seguintes do Decreto-Lei n.º 380/99, de 22 de Setembro).

A fixação de critérios de perequação, em sede de formação do Plano Director Municipal, não tem tanto como finalidade a equivalência de valores que remuneram a renda dos solos, tornando a propriedade imobiliária "relativamente" indiferente em relação às previsões do plano. O escopo essencial é o de assegurar situações de paridade de tratamento no que se refere às vantagens económicas e aos ónus a suportar pelos proprietários em igualdade de condições e evitar maiores distorções determinadas pela renda ou mais-valias criadas pelo plano (artigo 137.º do Decreto-Lei n.º 380/99, de 22 de Setembro). Importa atender igualmente à distinção feita pelos urbanistas entre a "perequação de valores" e a "perequação de volumes", sendo que o legislador não lhe foi totalmente alheio ao atribuir índices convencionais de edificabilidade às várias classes de terrenos (artigo 139.º e seguintes) [1], perpassando, por algumas destas disposições legais, o hálito do *plafond légal de densité* [2].

É certo que se põe aqui um problema fundamental. É que os mecanismos perequativos podem representar, em boa medida, a legitimação da injustiça fundiária, ao oferecerem uma especial atenção à propriedade *premiada* pela chamada planificação plurisubjectiva (artigos 135.º e 136.º do referido diploma).

Tendo a perequação como um dos objectivos a "eliminação de pressões e influências dos proprietários ou grupos para orientar as soluções do plano na direcção das suas intenções", como prescreve a alínea e) do artigo 137.º, somos levados a pensar que os mecanismos compensatórios de benefícios e encargos, como acontece noutros ordenamentos, devem assegurar um mínimo de equidade

---

[1] L. PISCITELLI, "Perequazione e integrazione fra le zone", in *L'uso delle aree urbane e la qualità dell'abitato, op. cit.*, p. 171.

[2] Cfr., entre outros, J. C. TEJEDOR BIELSA, *Un Modelo Urbanístico Alternativo: El Derecho Francés,* Barcelona, 1998, p. 59 e ss.

no confronto com as propriedades "deserdadas" pelo plano. Pensamos que este ponto é tanto mais essencial, quanto a perequação urbanística é uma perequação *a posteriori*, resultante da planificação plurisubjectiva (artigo 137.º/a)).

Nesta perspectiva, julgamos oportuno sublinhar a importância da classificação-qualificação do solo, enquanto operação de reconhecimento dos diferentes valores dos componentes do solo, por forma a permitir um tratamento o mais possível equitativo das propriedades relativamente às prescrições do plano. Em suma, a perequação urbanística é um instrumento refinado, a exigir uma grande capacidade de investigação, de organização e de projectualidade.

A concluir este ponto do Programa, oferecemos aos alunos uma perspectiva do direito norte-americano nesta matéria, onde sobressaem os "programas de transferência de direitos edificatórios".

4. Outro dos pontos tratados neste Capítulo é o que se reporta ao *silêncio administrativo positivo* (deferimento tácito), que tem merecido da nossa parte uma atenção particular nos estudos que temos publicado recentemente, pelo que não se julgam necessários grandes desenvolvimentos [1].

A nossa tese é, sinteticamente, a de que o deferimento tácito é hoje imprestável do ponto de vista substantivo e adjectivo. Substantivo, porque não tem qualquer sustentabilidade dogmática e, portanto, não pode consti-

---

[1] COLAÇO ANTUNES, *Para um Direito Administrativo de Garantia do Cidadão e da Administração..., op. cit,* pp. 57 e ss, 136 e ss, e 154.

tuir qualquer fonte de garantia ou direito do particular. É tão-só um problema de qualidade administrativa e de meios de que a Administração deve dispor para realizar bem as suas funções. A sobrevivência e até a expansão desta figura jurídica apresenta-se constitucionalmente muito duvidosa e só explicável à luz do complexo das origens. Referimo-nos à célebre *deregulation* ou simplificação administrativa que, como todos devemos saber, não significa menos Direito, mas apenas menos Direito público. Mais uma vez, o espelho de STENDAHL quebra-se. Se, graciosamente, poderíamos dizer que a filosofia foi salva pela ética, perguntamo-nos agora o que poderá salvar o direito administrativo e até o direito urbanístico?

Processualmente, também não tem sentido, porque hoje dispomos de outros meios processuais que não necessitam de uma decisão prévia para abrir as portas do olimpo do contencioso. Depois da revisão constitucional de 1997, abre-se mesmo a porta da nova acção para determinação da prática de acto administrativo legalmente devido, que recebe, aliás, consagração no Decreto-Lei n.º 555/99, de 16 de Dezembro (artigos 111.º/a) e 112.º), provisoriamente suspenso pela Lei n.º 13/2000, de 20 de Julho (veja-se ainda o artigo 4.º da Lei n.º 30-A/2000, de 20 de Dezembro) [1].

O problema está em que o legislador, imbuído do espírito das grandes narrações planificatórias, opera uma distinção linguística e jurídica entre licença e autorização,

---

[1] Esta situação jurídica anómala foi, como já demos conta, recentemente ultrapassada com o Decreto-Lei n.º 177/2001, de 4 de Junho, que veio alterar e repor o diploma referenciado no texto. O artigo 112.º tem agora a redacção modelada pelo artigo 3.º da Lei n.º 15/2002, de 22 de Fevereiro (C.P.T.A.).

em função, nomeadamente, da densidade da planificação, permitindo que entre pela janela o que antes se vedara entrar pela porta. Por outras palavras, a autorização tende a tornar-se a regra, permitindo, patologicamente, o alongamento das situações de deferimento tácito, com todo o cortejo de consequências nefastas que isso implica. Curiosamente, a planificação serve aqui a *deregulation,* ao abrandar-se o momento de controlo prévio pela Administração do acto autorizativo. Paradoxalmente, sendo o plano um limite à propriedade privada do solo, é simultaneamente um instrumento do mercado e da sua *vis* expansiva, colocando em cena o promotor imobiliário como actor principal do urbanismo.

O *ius ædificandi* fica substantivamente à mercê do plano, com o desespero de autorizações manchadas por ilegalidades menos graves (mera anulabilidade) se tornarem inimpugnáveis, decorrido o prazo de recurso e do caso decidido (artigo 28.º da L.P.T.A.), com a agravante da Administração, a não ser que o acto seja nulo (artigos 134.º/2 e 139.º/1/a)do C.P.A.), ficar inibida de remover o acto fictício (artigos 140.º e 141.º do C.P.A., artigo 47.º da L.P.T.A. e artigo 73.º do Decreto-Lei n.º 555/99, de 16 de Dezembro) [1]. É mais uma vez o fascínio da "luva invisível", sob a forma de banalidades de base enfáticas – simplificação administrativa.

Enfim, um legislador ingénuo que convida HABERMAS e RAWLS a viver sob o mesmo tecto.

---

[1] Do ponto de vista contencioso, o problema posto sofreu, como também já assinalámos anteriormente, a evolução imposta pelos novos E.T.A.F. e C.P.T.A., sendo que o Código de Processo nos Tribunais Administrativos se preocupou fundamentalmente em dar solução aos indeferimentos expressos e tácitos (artigo 66.º/2 do C.P.T.A.). Vejam-se, ainda, entre outros, o artigo 38.º, bem como o artigo 69.º.

No último *ponto* deste Capítulo, convocamos de novo, agora com mais detalhe, as limitações impostas ao plano e à sua discricionaridade pelas normas jurídicas sobre utilização do solo, com particular saliência para o regime jurídico da Reserva Agrícola Nacional, da Reserva Ecológica Nacional e das Áreas Protegidas. Tocam-se aqui, além do mais, problemas tão delicados como o das chamadas "leis-reserva" ou da responsabilidade civil do Estado por actos legislativos [1].

Uma outra temática, com conexões várias, desde a função dos planos até aos seus efeitos desigualitários em relação ao direito de propriedade (privada) do solo, tem a ver com a delicadíssima questão que deve interceder entre o cadastro (predial) e o registo da propriedade imobiliária.

Para além da sua inestimável função de inventário da riqueza territorial e imobiliária, o cadastro (devidamente informatizado e digitalizado) deve constituir um banco de dados imprescindível para a elaboração de uma correcta planificação urbanística e territorial.

No que tange à relação-coordenação entre o cadastro e o registo predial creio que ela deve existir e ser mesmo reforçada. Os modelos germânico e suíço são excelentes. Estão em causa valores tão relevantes como o da segurança jurídica ou o combate à fraude no sector imobiliário ou mesmo no terreno fiscal – o problema da reforma físico--fiscal.

Como poderão registar-se relações jurídicas de natureza real em que um dos seus elementos essenciais, o imóvel, não está perfeitamente identificado? Aí está o problema da segurança jurídica, que só vem plenamente asse-

---

[1] Cfr., agora, o artigo 4.º/1/g) do E.T.A.F., aprovado pela Lei n.º 13/2002, de 19 de Fevereiro.

gurada quando o cadastro, de forma coordenada, fornece ao registo a existência e características físicas do prédio.

Uma outra preocupação a merecer a nossa reflexão, que se projecta igualmente noutros pontos do programa, tem a ver com a necessidade de ampliar (legalmente) o registo (novas inscrições) das principais determinações ou limitações dos planos (artigo 3.º/2 do Decreto-Lei n.º 380/99, de 22 de Setembro) e das leis urbanísticas (ou mesmo ambientais) sobre o conteúdo e limites do direito de propriedade do solo, *maxime* as de índole ablativa.

A determinação física e jurídica da propriedade imobiliária é hoje um enorme mistério que só aproveita à astúcia urbanístico-especulativa.

CAPÍTULO V

GESTÃO URBANÍSTICA: PRINCIPAIS INSTRUMENTOS JURÍDICOS

CAPÍTULO V

1. Passamos agora a abordar o conteúdo da matéria relativa ao Capítulo V – Principais instrumentos de gestão urbanística.

Nas considerações introdutórias, começamos por apelar à distinção entre gestão urbanística e execução dos planos. A execução dos planos, enquanto vertente dinâmica dos planos, revela-se da maior importância se atendermos, como antes evidenciámos, que aos particulares não interessa especialmente que o plano preveja a construção deste ou daquele equipamento colectivo. O que lhes importa é a sua execução, a sua efectivação, daí a relevância das medidas que consubstanciam a execução do plano, que, no fim de contas, materializam o modelo urbanístico desenhado pelo plano. Todavia, cabe recordar que se a gestão urbanística deve abranger a execução dos planos urbanísticos e não o inverso, a verdade é que pode haver gestão urbanística sem que haja execução dos planos, naturalmente quando inexista plano urbanístico para executar, em particular Plano de Urbanização ou Plano de Pormenor [1]. Acresce que devem ser os planos a servir a

---

[1] Situação, é certo, crescentemente improvável face ao disposto no artigo 84.º/3 do Decreto-Lei n.º 380/99, de 22 de Setembro, e à própria filosofia do modelo urbanístico desenhado por este diploma.

gestão urbanística, em sentido amplo, e não o inverso, sem esquecer as consequências da intermitência (suspensão) normativa do Decreto-Lei n.º 555/99, de 16 de Dezembro (só muito recentemente resolvida). Por estas razões, e também em coerência com a nossa concepção de Direito Urbanístico, este Capítulo não é encimado com o título – instrumentos de execução dos planos [1].

Assim, sem desprimor ou esquecimento do estabelecido nos artigos 118.º e seguintes e 126.º a 134.º do Decreto-Lei n.º 380/99, de 22 de Setembro (sistemas e instrumentos de execução dos planos, pondo-se cobro a uma lacuna tradicional do ordenamento urbanístico nacional), os instrumentos de gestão urbanística mais relevantes são, por ordem crescente, o licenciamento municipal de obras particulares, o loteamento urbano e a correspondente realização de obras de urbanização (por regra, "licenciamento" municipal de operações urbanísticas) – Decreto-Lei n.º 555/99, de 16 de Dezembro – e a expropriação por utilidade pública (Lei n.º 168/99, de 18 de Setembro), sem omitir o reparcelamento do solo urbano, bem como os outros meios enunciados na lei. Os dois primeiros instrumentos jurídicos são essencialmente de iniciativa e responsabilidade dos particulares, enquanto no último a iniciativa (com pequenas excepções) e a responsabilidade cabem à Administração Pública.

Advirta-se, desde já, que face à patologia e instabilidade do quadro normativo a que aludimos frequentemente, o estudo do licenciamento de obras particulares e das operações de loteamento e obras de urbanização passa

---

Veja-se ainda, complexamente, o artigo 128.º do Decreto-Lei citado e o artigo 14.º/2 da Lei n.º 168/99, de 18 de Setembro.

[1] Apesar de algumas incoincidências, cfr., sobre este ponto, ALVES CORREIA, *Estudos de Direito do Urbanismo, op. cit.*, p. 61 e ss.

Conteúdo Programático – Capítulo V   181

cautelar e pedagogicamente pelo confronto entre os Decretos-Lei n.º 445/91, de 20 de Novembro (sucessivamente alterado) e n.º 448/91, de 29 de Novembro (também alterado) e o já referido Decreto-Lei n.º 555/99, de 16 de Dezembro, se bem que privilegiemos (por razões lógico--sistemáticas e de actualidade deste trabalho) o estudo do último diploma.

Relembrado o esclarecimento, a disciplina do licenciamento de obras particulares, loteamentos e obras de urbanização estão agora reunidos num único diploma (Decreto-Lei n.º 555/99, de 16 de Dezembro, que define o regime jurídico da urbanização e da edificação) [1]. Diz-se no preâmbulo que "as operações de loteamento e obras de urbanização, tal como as obras particulares, concretizam e materializam as opções contidas nos instrumentos de gestão territorial, não se distinguindo tanto pela natureza quanto pelos seus fins. Justifica-se, assim, que a lei regule num único diploma o conjunto daquelas operações urbanísticas, tanto mais que, em regra, ambas são de iniciativa privada e a sua realização está sujeita a idênticos procedimentos de controle administrativo". Sinceramente não estamos nada convencidos da inteligibilidade deste entendimento, cremos até que se trata de operações urbanísticas de natureza e alcance diversos, o que, sem se deixar de notar excessivamente nas disposições legais pertinentes à distinção linguística e jurídica entre licença e autorização (artigo 4.º/2/3) [2], não nos faz esquecer que as

---

[1] Como resulta de páginas idas, por razões temporais, pertinentes ao momento em que foi elaborado este Relatório, não foi originalmente possível tomar em consideração as alterações introduzidas pelo Decreto-Lei n.º 177/2001, de 4 de Junho.

[2] Como resulta, desde logo, do preâmbulo e transparece na nova redacção do artigo 4.º/2/3 (por efeito da alteração introduzida pelo Decreto-Lei n.º 177/2001, de 4 de Junho), verifica-se uma redução

operações de loteamento configuram autênticos planos de pormenor.

A filosofia do diploma é curiosa. Codifica primeiro (mito da planificação) e desregulamenta depois – atenuando fortemente o controlo prévio, especialmente do acto autorizativo, que pode ir até um procedimento de comunicação prévia (artigos 6.º/3, 34.º – 36.º). Tal entendimento reflecte-se, depois, em diversas modalidades procedimentais, em função da densidade de planeamento vigente na área de realização da operação urbanística, bem como do tipo de operação a efectuar (artigos 18.º e seguintes, 28.º e seguintes, 41.º e seguintes, 53.º e seguintes e 57.º e seguintes). Em suma, o problema relacional das várias operações urbanísticas com o planeamento urbanístico. Concepção urbanística que comporta várias consequências, resultando claramente que nos procedimentos autorizativos o momento constitutivo do *ius ædificandi* é a determinação do plano. Outro ponto consequencial, face à crescente planificação do território, tem a ver com a paradoxal ampliação do silêncio administrativo positivo (artigos 111.º/b) e c) e 113.º), em detrimento da intimação judicial para a prática de acto administrativo legalmente devido (artigos 111.º/a) e 112.º).

O diploma manifesta, por outro lado, uma fé cega na fiscalização (artigo 93.º e seguintes), em prejuízo do controlo administrativo prévio.

Matéria relevante e não esquecida é a que se prende com a nova configuração do regime dos direitos e

---

do âmbito de aplicabilidade da autorização administrativa, que é excessivo, favorecendo inversamente o âmbito da licença, pretendendo-se, assim, que a primeira só tenha lugar "ao abrigo de instrumentos de gestão territorial cujo conteúdo apresente suficiente grau de concretização e nos casos em que é efectivamente possível dispensar a intervenção de entidades exteriores ao município".

Conteúdo Programático – Capítulo V 183

garantias dos particulares (artigos 110.º – 115.º), com especial referência ao direito de reversão (em matéria de operações de loteamento) sobre as parcelas cedidas por aqueles, quando estas não sejam adstritas pelo Município aos fins para os quais tenham sido cedidas (artigo 45.º), podendo o tribunal administrativo, a requerimento do cedente, ordenar a demolição dos imóveis construídos na parcela revertida, nos termos estabelecidos nos artigos 86.º e seguintes da L.P.T.A. [1] (artigo 45.º/6). Destacável, ainda que discutível, é ainda o artigo 115.º/1, onde se dispõe que o recurso contencioso dos actos previstos no artigo 106.º tem efeito suspensivo.

Os deveres e ónus jurídicos também não são secundarizados, especialmente aqueles que se repercutem na tutela das posições jurídicas de terceiros e na luminosidade (transparência) procedimental, bem como as medidas de tutela da legalidade urbanística (artigo 102.º e seguintes do diploma em análise), sujeitas agora a um muito discutível entendimento do princípio da proporcionalidade. Como estamos no âmbito da actividade de gestão urbanística ou da actividade de execução dos planos, é também nossa preocupação oferecer aos alunos uma panorâmica sobre os meios financeiros e fiscais (fiscalidade urbanística).

Entre outras questões comuns nestas matérias, não deixamos passar o delicado problema da natureza jurídica da pretensão do particular (a edificar), *após* a planificação. Direito subjectivo ou interesse legítimo?

Face à crescente voracidade da planificação urbanística, que aponta para uma *propriedade objectiva* (confor-

---

[1] Cfr., apesar da omissão da Lei n.º 15/2002, de 22 de Fevereiro, o artigo 112.º/2/f) do C.P.T.A..

mada pelo plano e pela lei) [1], tenderíamos hoje a pensar que, após a planificação, assiste ao particular um direito subjectivo à edificabilidade, sem que tal signifique cair nas clássicas e equívocas dicotomias: à actividade administrativa vinculada corresponde um direito subjectivo, enquanto à actividade discricionária corresponde necessariamente um interesse legítimo [2].

2. Para encerrar este Capítulo, o estudo da *expropriação por utilidade pública* que nos consome uma fatia substancial do tempo pedagógico (aulas).

Arrancamos com a abordagem do conceito de expropriação, dando conta da sua evolução ao longo do tempo histórico-político-jurídico, sem ignorar figuras jurídicas afins igualmente constrangedoras dos direitos patrimoniais dos particulares.

Depois, o objecto da expropriação por utilidade pública (artigo 1.º da Lei n.º 168/99, de 18 de Setembro), enfatizando a análise da expressão "Os bens imóveis e os direitos a eles inerentes". De seguida, vêm estudados os pressupostos de legitimidade da expropriação. Estão aqui sob observação o princípio da legalidade, o princípio da utilidade pública [3], o princípio tridimensional da proporciona-

---

[1] Sobre os conceitos de propriedade subjectiva e de propriedade objectiva, cfr. F. SPANTIGATI, "Phélypeaux sull'autostrada", in *Scritti in Onore di Massimo Severo Giannini*, vol. 2.º, Milano, 1988, p. 693 e ss.

[2] COLAÇO ANTUNES, "A fragmentação do Direito Administrativo...", *op. cit.*, p. 297 e ss.

[3] Veja-se, a este propósito, a interessante obra de F. BIGLIONE, *La Notion de Privation de Propriété. Étude Relative à la Propriété Immobilière*, Aix-en-Provence, 1998, esp. p. 69 e ss.

Conteúdo Programático – Capítulo V 185

lidade em sentido amplo ou da proibição do excesso (a expropriação deve ser vista como o último remédio em relação aos meios privatísticos de aquisição de bens, artigo 11.º do Código das Expropriações) e o princípio da justa e contemporânea indemnização.

Da análise sistemática e da articulação das matérias tratadas nos artigos 10.º e 11.º sobressai a ideia de que a chamada *via de direito privado* constitui, desde logo, um meio de obstar à expropriação, agora mais matizado, desencadeado quando a entidade interessada (em aplicar o bem na realização de um fim de utilidade pública) já decidiu requerer a respectiva expropriação do bem [1]. A previsão deste pré-procedimento (expropriativo), onde se começa a desenhar o carácter simplificador do procedimento expropriativo, constitui uma manifestação do princípio da necessidade da expropriação, enquanto componente do princípio da proporcionalidade em sentido amplo (artigo 266.º/2 da C.R.P.), estando, no que respeita às expropriações urbanísticas, previsto expressamente na Lei Fundamental (artigo 65.º/4). Todavia, a prévia existência da decisão de requerer a expropriação não deixa de constituir uma forte limitação à liberdade do proprietário na ponderação da resposta a dar à proposta de aquisição.

Passando à análise do procedimento expropriativo propriamente dito, diríamos que ele continua, a meu ver mal, a englobar dois subprocedimentos: o primeiro, de natureza administrativa, com várias fases, tem como acto constitutivo o acto declarativo de utilidade pública [2], cujo

---

[1] L. PERESTRELO DE OLIVEIRA, *Código das Expropriações*, Anotado, 2.ª ed., Coimbra, 2000, p. 52.

[2] O problema dogmático de saber qual é, no fim de contas, o acto final do procedimento ablatório (veja-se o artigo 51.º/5 do Código das Expropriações), constitui uma questão aberta ao contraditório dialógico com os alunos e a doutrina. Sem prejuízo de se poder adiantar,

alcance é o de indicar o fim concreto da expropriação e identificar os bens necessários à consumação do fim que determinou a expropriação; o segundo, de natureza judicial, toca as questões relacionadas com a discussão litigiosa (artigo 38.º e seguintes do Código das Expropriações) do valor da indemnização (e respectiva adjudicação do bem), cuja apreciação (última, artigo 38.º/1) compete aos tribunais judiciais, com recurso até ao Tribunal da Relação (artigo 66.º/5, do Código das Expropriações), em sintonia com a jurisprudência do Tribunal Constitucional [1].

A passagem seguinte prende-se com as principais garantias do particular face ao acto ablativo (ilegal): a clássica (e geral) garantia consubstanciada no velho e caro recurso contencioso de anulação (sem esquecer a importância das acções de responsabilidade (artigos 71.º e 72.º da L.P.T.A., artigos 7.º/1 e 10.º/4 do Decreto-Lei n.º 256-A/77, de 17 de Junho [2], e artigo 7.º do Decreto-Lei n.º 48051, de 21 de Novembro de 1967)), aprofundando-se também as garantias específicas perante o acto expropria-

---

desde já, que não perfilhamos uma visão actocêntrica, reconhecendo-se que outros actos há a poderem ser autonomamente impugnáveis – como será, face à sua actual densificação e colocação sistemática, o caso da resolução de expropriar (artigo 10.º do C.E.). Na doutrina, recentemente, e com posições distintas, ALVES CORREIA, "A jurisprudência do Tribunal Constitucional sobre expropriações por utilidade pública e o Código das Expropriações de 1999", in *Rev. Leg. Jur.,* n.ºs 3908-3909, p. 326, nota 66, e J. VIEIRA FONSECA, "Principais linhas inovadoras do Código das Expropriações de 1999", in *Rev. Jur. Urb. Amb.,* n.º 13, 2000, p. 59 e ss.

[1] Ao contrário do que era expectável, o novo modelo de justiça administrativa parece não ter resolvido a questão posta. Cfr. o artigo 5.º da Lei n.º 13/2002, de 19 de Fevereiro. Permanece a dualidade de jurisdições.

[2] A resposta jurisdicional cabe agora aos novos E.T.A.F. e C.P.T.A..

Conteúdo Programático – Capítulo V   187

tivo, desde a já referida indemnização – tocando os vários aspectos substanciais e processuais da sua complexa definição e cumprimento – passando pela caducidade do acto declarativo de utilidade pública, até ao direito de reversão e respectiva natureza jurídica [1].

Quanto ao princípio da justa e contemporânea indemnização (isto é, uma indemnização plena ou, dito de outro modo, uma compensação total do dano sofrido pelo proprietário expropriado, de tal forma que o sacrifício que lhe foi imposto seja equitativamente distribuído por todos os cidadãos – princípio da igualdade dos cidadãos perante os encargos públicos), levantam-se problemas tormentosos, que não se resumem (por exemplo, os artigos 26.º/2 e 27.º/1 ou mesmo a alínea b) do n.º 2 do artigo 23.º) [2] ao problemático n.º 4 do artigo 23.º do Código das Expropriações [3].

---

[1] ALVES CORREIA, *As Garantias do Particular na Expropriação por Utilidade Pública,* Coimbra, 1982, p. 162 e ss.

[2] Mais uma vez, o princípio da igualdade surge-nos numa situação particularmente constrangedora, podendo a sua violação atingir, conforme os casos, tanto os proprietários expropriados como os não expropriados.

[3] No direito alemão tem prevalecido a cláusula da ponderação *(Abwägungsklausel),* interpretada num sentido substancialmente igualitário entre o interesse geral e o dos proprietários expropriados. Cfr., por exemplo, W. KREBS, "Baurecht", in SCHMIDT-AßMANN, *Besonderes Verwaltungsrecht, op. cit.,* p. 265 e ss. A convicção de que o expropriado tem direito a uma indemnização plena (ou seja, ao valor venal do bem expropriado) é igualmente fundada no princípio da igualdade que exige a integral compensação do *Sonderopfer,* de forma a que a perda patrimonial imposta a alguns e não a outros seja equitativamente repartida por todos os cidadãos. Esta concepção justíssima de indemnização, reportada ao valor venal do bem expropriado, constitui um dogma do ordenamento jurídico alemão desde a lei prussiana de 1874.

Para uma análise aturada do artigo 14.º da Lei Fundamental e das garantias constitucionais da propriedade, com amplas referências

O critério para determinar o justo montante indemnizatório deve ser o valor real do bem expropriado ou o valor de mercado *(Verkehrswert)* do bem normativamente entendido, na expressão de Alves Correia [1] (artigo 23.º e seguintes do Código das Expropriações). Porém, o n.º 4 do artigo 23.º veio introduzir uma limitação grave e de duvidosa constitucionalidade ao mencionado critério, ao estabelecer que ao valor real e corrente, definido de acordo com os critérios fixados no artigo 26.º e seguintes do Código das Expropriações, seja "deduzido o valor correspondente à diferença entre as quantias efectivamente pagas a título de contribuição autárquica e aquelas que o expropriado teria pago com base na avaliação efectuada para efeitos de expropriação, nos últimos cinco anos".

Assim sendo, o valor *real e corrente do bem* cede perante a diferença entre esse valor e o valor matricial dos solos expropriados (em regra, manifestamente baixo, embora haja de tudo), isto é, a lei define um critério geral para a determinação da indemnização no artigo 23.º/1 do Código das Expropriações, que posteriormente contradiz no n.º 4 do mesmo artigo, sendo que, ao "diminuir" o critério-regra primeiramente enunciado, parece ofender o disposto no artigo 62.º/2 da C.R.P. [2].

A justeza da indemnização por expropriação, em obséquio aos bons princípios, confronta-se no apuramento

---

à jurisprudência, cfr. F. OSSENBÜHL, *Staatshaftungsrecht,* 5.ª ed., München, 1998, esp. p. 157 e ss.

[1] ALVES CORREIA, *O Plano Urbanístico..., op. cit.,* p. 532 e ss.

[2] Neste sentido, M. REBELO DE SOUSA, "Expropriações: Código inconstitucional", no jornal *Expresso,* de 23 de Outubro de 1999. Para maiores desenvolvimentos, cfr. ALVES CORREIA, "A jurisprudência do Tribunal Constitucional...", *op. cit.,* n.os 3913 e 3914, p. 111 e ss, esp. p. 116 e ss.

desse valor com a realidade dos valores de mercado para prédios ou solos idênticos à data da publicação da declaração de utilidade pública. Em resumo, o critério fixado no n.º 4 é constitucionalmente incompatível com o princípio-regra do n.º 1 do artigo 23.º do Código das Expropriações, ao "permitir" a recepção pelo expropriado de uma indemnização manifestamente inferior ao valor de mercado do bem expropriado, violando os princípios da justiça e da igualdade (nas vertentes interna e externa da expropriação).

Problema não ignorado e amplamente pensado na jurisprudência constitucional [1] é o que se reporta à complexa, e por vezes inamistosa, relação da expropriação com as servidões administrativas e em especial com as servidões *non ædificandi* [2]. O artigo 8.º, no seu n.º 2, vem agora uniformizar o regime da indemnização pela constituição de servidões administrativas, abrangendo as constituídas por acto administrativo e por lei, sem que tenha assegurado o ressarcimento de todos os prejuízos infligidos aos proprietários dos imóveis onerados, mesmo que especiais e anormais [3]. Com efeito, ao *não* permitir, pelo seu âmbito redutor, a indemnização de toda e qualquer servidão administrativa susceptível de produzir danos especiais e anormais na esfera jurídica dos proprietários

---

[1] ALVES CORREIA, "A jurisprudência do Tribunal Constitucional...", *op. cit.*, n.ºs 3905, 3906 e 3907, p. 231 e ss, e p. 300 e ss, com amplas referências à jurisprudência constitucional.

[2] ALVES CORREIA, "L'indemnisation des servitudes d'urbanisme (Portugal)", in *Droit et ville*, n.º 48, 1999, p. 261 e ss. Número da Revista citada, que trata de outras experiências europeias. Veja-se, ainda, o interessante Acórdão do S.T.J., de 20 de Outubro de 1994.

[3] Assim, L. PERESTRELO DE OLIVEIRA, *op. cit.*, p. 46.

atingidos, o artigo 8.º/2 suscita, por violação dos princípios da igualdade e da justa indemnização, o delicado problema da sua constitucionalidade.

Num ensejo sistemático, não deixamos de fazer uma confrontação do novo Código das Expropriações com o de 1991 (Decreto-Lei n.º 438/91, de 9 de Novembro) [1]. Comparação que nem sempre é favorável ao novo Código das Expropriações, notando-se um propósito de simplificar e acelerar os subprocedimentos (administrativo e judicial), o que nem sempre se revela adequado à tutela efectiva das posições jurídicas dos expropriados. Sumariamos a seguir algumas alterações ou aspectos que julgamos relevantes, ainda que a título meramente indicativo: a colocação e regulação da chamada aquisição por via de direito privado; a configuração da indemnização, nos moldes anteriormente anotados; a simplificação da instrução do pedido de emissão da declaração de utilidade pública, bem como o dever de fundamentação desta; a possibilidade de renovação da declaração de utilidade pública caducada (no prazo de um ano a contar do termo da consumação da caducidade), em casos devidamente fundamentados, sendo que, em situações de expropriação urgente, a caducidade (agora inovadoramente possível) não obsta à ulterior autorização da posse administrativa; a insuficiência, apesar de tudo, do regime actual, no sentido de evitar o recurso sistemático à atribuição do carácter urgente à expropriação, que praticamente põe por terra boa parte das garantias procedimentais dos particulares; o desaparecimento também da caducidade da autorização da posse administra-

---

[1] Sobre os pontos em análise, cfr. ALVES CORREIA, "A jurisprudência do Tribunal Constitucional...", *op. cit,* n.ᵒˢ 3908 e 3909, p. 325 e ss.

tiva (prevista no artigo 17.º/3 do Código das Expropriações de 91) para os casos em que entre a referida autorização e a investidura na posse mediasse um prazo superior a noventa dias; quanto à constituição de servidões administrativas, teve-se em conta, como já referimos, a jurisprudência do Tribunal Constitucional, que culminou com o Acórdão n.º 331/99, de 2 de Junho (declarando com força obrigatória geral a inconstitucionalidade do artigo 8.º/2 do Código anterior, mas apenas na medida em que não permite que haja indemnização nas servidões fixadas directamente na lei que incidam sobre a parte sobrante do prédio parcialmente expropriado, desde que essa parcela já tivesse, anteriormente ao procedimento expropriativo, capacidade edificatória, por violação dos artigos 13.º/1 e 62.º/2 da Constituição) [1], estabelecendo-se que as servidões resultantes ou não de expropriações dão lugar a indemnização nas condições fixadas no actual Código; em relação à expropriação litigiosa estabelece-se o valor do processo para efeitos de admissibilidade do recurso, nos termos do Código de Processo Civil, sem prejuízo de caber sempre recurso da decisão arbitral; foi igualmente acrescido o número de casos em que a arbitragem passa a decorrer perante o juiz, em sublimação da inércia da entidade expropriante no desenvolvimento do subprocedimento expropriativo, bem como uma maior amplitude dos prazos de interposição dos recursos, além da expressa admissibilidade de recursos subordinados; em caso de recurso da decisão arbitral ou da decisão da segunda ins-

---

[1] Estabelece ainda o referido Acórdão do Tribunal Constitucional, que a não indemnização da servidão *non ædificandi* (na sequência de um procedimento expropriativo) implicaria "uma compressão desproporcionada do direito de propriedade e uma violação da igualdade na tutela desse direito".

tância, permite-se que, em obséquio ao princípio da paridade temporal, o juiz atribua imediatamente aos interessados o montante da indemnização sobre o qual se verifique acordo, podendo os interessados solicitar também a atribuição, ainda que a título provisório, do montante controvertido mediante prestação de caução apropriada; fixa-se ainda um incidente expedito de natureza executiva, possibilitando ao juiz determinar, no próprio processo, as diligências necessárias à satisfação do direito de recebimento da indemnização pelos expropriados (e outros titulares), extensivo também às expropriações amigáveis; procedeu-se igualmente à jurisdicionalização do pedido de expropriação total (que passa a poder ser formulado dentro do prazo de recurso da decisão arbitral, e não, como se previa anteriormente, antes do funcionamento da arbitragem), ampliando-se o prazo para o respectivo exercício; alteram-se também os prazos relativos à caducidade da declaração de utilidade pública e ao exercício do direito de reversão, contemplando-se a audiência de terceiros interessados no procedimento de reversão, além da obrigatoriedade da respectiva autorização (favorável) ser comunicada oficiosamente ao conservador do registo predial, cuidando, assim, de tutelar direitos de pessoas que possam ser atingidas pela decisão; prevê-se a expropriação de bens móveis; regulou-se a aplicação subsidiária do processo expropriativo para os casos em que seja necessário determinar o valor de um bem e a lei remeta para o processo de expropriação, designadamente nos casos de exercício do direito de preferência em que não haja aceitação do preço convencionado – em consonância, aliás, com o regime estabelecido pelo Decreto-Lei n.º 380/99, de 22 de Setembro (artigo 126.º); verifica-se igualmente uma melhor adequação do regime jurídico do Código das Expropriações às situações em que, nas áreas de desenvol-

Conteúdo Programático – Capítulo V 193

vimento urbano prioritário ou de construção prioritária (Decreto-Lei n.º 152/82, de 3 de Maio, sucessivamente alterado) ou nos respectivos instrumentos reguladores, os particulares se recusem a outorgar qualquer acto ou contrato aí previsto; igualmente relevante, em termos urbanísticos, se revela o normativo que determina (com algumas modificações), para as expropriações contempladas no artigo 48.º/1/5 da Lei dos Solos, o regime previsto no Código das Expropriações, oportunamente corrigido pelo disposto no artigo 128.º do Decreto-Lei n.º 380/99, de 22 de Setembro.

Por último, o acentuar das especificidades institucionais e normativas da chamada *expropriação urbanística*. Trata-se, no fundo, de compreender as especificidades acrescentadas pelo adjectivo (urbanística), convocando-se para o efeito os artigos 128.º e seguintes e 143.º do Decreto-Lei n.º 380/99, de 22 de Setembro, bem como a Lei dos Solos e, naturalmente, o Código das Expropriações (Lei n.º 168/99, de 18 de Setembro, especialmente o artigo 25.º e seguintes).

O problema das expropriações urbanísticas recoloca problemas dogmáticos da maior importância, como o da vinculação social da propriedade do solo e a delicada relação do *ius ædificandi* com o direito de propriedade e o plano urbanístico – o que não deixa de ter repercussões notáveis ao nível do que deve ser entendido por justa indemnização. Serve de exemplo a expropriação da parcela de um terreno para efeitos de realização de obras de urbanização ou de execução de um plano urbanístico, em que não deixa de se verificar um aumento do valor da fracção não expropriada pela sua transformação em terreno com aptidão edificatória. O problema que se põe é se tal vantagem pode ser compensada com o correspondente decréscimo do montante indemnizatório. A resposta, em homenagem aos princípios da igualdade e da justiça, não pode deixar de ser negativa, sempre que da mais-valia aproveitem todos os prédios da área em que se situa o imóvel expropriado.

Das recentes e relevantes alterações legislativas, depreende-se a pré-compreensão de que a expropriação urbanística tenta conciliar a recuperação das mais-valias pela comunidade, geradas pela actividade urbanística pública, com a justa compensação das necessárias privações de bens e direitos dos particulares [1]. Em síntese, tenta harmonizar o substantivo com o adjectivo. Desde logo, o problema do tratamento privilegiado dos titulares do solo, previamente classificado como edificável ou urbanizável, coloca a questão da inclusão do valor das mais-valias criadas pelo plano ou actuação pública na apreciação dos valores dos bens expropriados (veja-se a problematicidade que encerra o artigo 23.º/2 do Código das Expropriações) [2]. Permanece, contudo, a "insatisfação" dos proprietários dos terrenos não construtíveis, ainda que se perceba que a utilização desta fórmula linguística pretenda limitar ou mesmo evitar o afã especulativo de alguns e viabilizar a execução dos planos urbanísticos.

Coloca-se igualmente a questão de saber se tal desiderato – recuperação das mais-valias – se deve prosseguir através da expropriação do solo, ou se, pelo contrário, deva desenvolver-se através de técnicas próprias, como as perequativas, as de natureza fiscal e financeira ou de confor-

---

[1] Cfr. S. CIVITARESE MATTEUCCI, "Un tentativo di ricostruzione della nozione giuridica de 'previsioni urbanistiche sostanzialmente espropriative' dopo la sentenza n.º 179/99 de la Corte Costituzionale", in *L'uso delle aree urbane...*, *op. cit.*, p. 219 e ss.

[2] L. PERESTRELO DE OLIVEIRA, *op. cit.*, p. 88 e ss.

Conteúdo Programático – Capítulo V 195

mação do estatuto da propriedade urbanística, na óptica da primazia da função social.

Como referenciámos no início, as particularidades da expropriação urbanística (substantivas e institucionais) conectam-se com vários problemas de fundo: delimitação da propriedade, enlaçada pela vinculação social do solo urbanístico, e *causa expropriandi,* com refracções, nomeadamente, ao nível do direito de reversão; expropriação e recuperação da renda fundiária, tendo como pano de fundo a célebre questão do *ius ædificandi* [1]; e, ainda, o império do planeamento urbanístico, por onde perpassam as questões enunciadas antes, com repercussões enormes que vão até à própria execução dos planos (vejam-se, por exemplo, os artigos 25.º/2/c) e 26.º/1 do Código das Expropriações) [2].

O problema essencial das expropriações urbanísticas está, ainda que resumidamente, no paradigma urbanístico em vigor, que assenta, a nosso ver, em vários equívocos. Desde a excessiva conformação do direito de propriedade pelos planos com eficácia plurisubjectiva (tornando quase

---

[1] No conceito de edificabilidade da parcela (expropriada) reside um dos problemas da expropriação urbanística, seja em referência à planificação (urbanística), seja no que toca à relação território-valor da área em sede expropriativa.

Segundo o óbvio princípio da legalidade não deveria subsistir diferença relevante entre a *edificabilidade legal* e a *edificabilidade efectiva*, na medida em que a edificabilidade possível deveria ser apenas a consentida pelos instrumentos urbanísticos ou pela lei. De outra forma, acaba por reconhecer-se como legais situações que o não são – é o problema, mais uma vez, do "abusivismo" dos coeficientes de construção, para além da questão da indemnização (ou compensação) de zonas sujeitas a vínculos de inedificabilidade.

[2] Cfr. A. PÉREZ MORENO, "Expropiaciones urbanísticas", in *Ordenamientos Urbanísticos (Valoración crítica y perspectivas de futuro),* Madrid, 1998, p. 165 e ss.

desnecessário o recurso à expropriação clássica), à formal e errónea centralidade do proprietário como agente urbanístico, quando *de facto* tal centralidade cabe ao promotor imobiliário (o urbanismo é, cada vez mais, uma actividade empresarial, pelo que o ónus e vinculação social da propriedade não pode cair desproporcionadamente ou apenas e tão-só sobre o seu titular).

Ampliando mais o nosso discurso, importa perceber que o solo é hoje matéria-prima de uma precisa actividade empresarial, cujo "mercado" varia de município para município, estabelecendo-se, por vezes, uma distinção cortante entre os grandes e os pequenos municípios. O problema é que hoje o grande actor urbanístico (privado) é o promotor imobiliário e não o proprietário do terreno. É a esta realidade que o ordenamento jurídico deve dar resposta, não devendo, *ipso facto*, estabelecer as mesmas medidas para aqueles proprietários que, face ao plano como instrumento delimitador do direito de propriedade (e, por conseguinte do direito edificatório) pretendem lograr a maior edificabilidade possível sobre o solo (por forma a atingir o melhor preço no mercado), daqueles outros que desejam simplesmente satisfazer as suas necessidades através do uso urbanístico do solo, que poderíamos designar por *autoconsumo urbanístico* (da sua propriedade) [1].

Segundo este olhar, sustenta-se a necessidade de *desagregação do direito de propriedade* [2], em obséquio à distinção entre propriedade do solo e titularidade do uso urbanístico. Adivinha-se, assim, uma adaptação do direito

---

[1] J. C. TEJEDOR BIELSA, *Propiedad, Equidistribución y Urbanismo (Hacia un nuevo modelo urbanístico)*, Pamplona, 1998, p. 340.

[2] J. C. TEJEDOR BIELSA, *op. cit.*, p. 341.

urbanístico conforme às exigências constitucionais, colocando no centro da questão a empresa em vez da propriedade [1].

O debate urbanístico deve, portanto, centrar-se não apenas no artigo 62.º/1/2, mas também no artigo 61.º/1 da C.R.P.. Sem ignorar o debate sobre a pertinência do *ius ædificandi* ao direito de propriedade privada ou à determinação do plano (embora obviamente esta questão não seja indiferente), o direito urbanístico e a respectiva expropriação (com refracções também ao nível da especificidade da perequação) não podem "descartar" esta nova realidade urbanística.

É preciso, ainda, ter presente a distinção entre a ordenação urbanística da função social da propriedade e a execução do plano urbanístico que, como actividade empresarial, pode ser realizada livremente pelo proprietário ou por pessoa jurídica distinta. A questão é esta: o solo não é só valioso em si mesmo, mas sobretudo porque pode servir de suporte a determinados usos. Porque é necessário urbanizar e porque esta é uma actividade produtiva, cujo resultado não é outro que o solo urbanizado e finalmente edificado, há aqui lugar a uma nova simbiose entre público e privado que não deixa de constituir um ponto essencial do moderno direito urbanístico. Impõe-se, portanto, um novo equilíbrio entre a actividade pública, a acção empresarial privada e a propriedade privada do solo.

Em nossa opinião, se não pode reconhecer-se ao proprietário uma posição que permita sacrificar, em seu

---

[1] SANDRO AMOROSINO, "Dalle destinazioni d'uso all'uso delle destinazioni nella disciplina urbanistica", in *L'uso delle aree urbane...", op. cit.*, p. 127 e ss.

benefício, os interesses da comunidade, resulta igualmente de difícil justificação constitucional exigir ao proprietário a forçosa utilização empresarial dos seus bens, sem prejuízo do seu carácter preferencial. A função social da propriedade não pode obrigar o proprietário a converter-se em empresário, com o grave inconveniente da tentação de obter mais-valias especulativas. Depois, é preciso desocultar a realidade, onde os grandes interesses, pelo menos nas médias e grandes cidades, não são os do proprietário mas os do promotor imobiliário.

Em suma, se é neste quadro complexo que se move a expropriação urbanística (além de outras técnicas urbanísticas como a perequação de benefícios e encargos), e se os interesses empresariais estão inevitavelmente no centro da questão, então mais facilmente se poderiam modelar as mais-valias adquiridas pelos proprietários, bem como os danos e respectiva indemnização (provocados pela ablação dos seus bens e direitos inerentes), às características e possibilidades dos mercados do solo em que hão-de desenvolver-se as referidas actividades empresariais [1].

Em consonância com a mutação do *factum* urbanístico, se o mais notório da fórmula expropriação urbanística é o de permitir a realização dos fins urbanísticos e a recuperação, pelo menos parcial, das mais-valias resultantes da actividade administrativa, evitando os desmandos especulativos, não é menos verdade que, existindo outras técnicas de índole financeira e fiscal, a expropriação urbanística adquira tonalidades e especificidades que a contradistinguem do género expropriação por utilidade pública [2].

---

[1] J. C. TEJEDOR BIELSA, *op. cit.*, pp. 348 e 349.

[2] A. PÉREZ MORENO, *op. cit.*, p. 168.

Para concluir, a chamada expropriação do plano (com efeitos privativos mas não apropriativos) não pode ter a extensão que alguns autores lhe reconhecem. Se entendermos que a vocação edificatória de um terreno tem sobretudo a ver com elementos objectivos das várias propriedades (pré-existentes ao plano) – características dos terrenos, desenvolvimento urbanístico da zona, existência de equipamentos e serviços públicos, proximidade de vias de comunicação – a revisão do plano (planificação plurisubjectiva) e da respectiva capacidade edificatória oferecida anteriormente por aquele, pode *não* conferir imediatamente o direito a uma indemnização aos proprietários atingidos. No meu entendimento só haverá lugar a indemnização se houver uma fundada e consolidada expectativa do proprietário, resultante, nomeadamente, das tais características inatas do terreno. O direito deve ser neutral, especialmente no campo urbanístico [1].

Por outras palavras, a efectiva edificabilidade não está, em nenhum dos casos, assegurada. Se no caso de objectiva vocação edificatória do terreno, a expectativa do proprietário é assegurada de forma substancial (indemnização), já na segunda situação – redefinição da destinação edificatória, *atribuída prévia e discricionariamente pelo plano* – a alteração registada deverá implicar essencialmente uma garantia formal e procedimental, pelo que tal alteração deve ser rigorosamente fundamentada. O direito do proprietário deve ser aqui entendido como um *droit mouvant* [2], a exigir uma interpretação com alguma subtileza constitucional, que salve ou pelo menos corrija

---

[1] P. STELLA RICHTER, *Ripensare la disciplina urbanistica*, *op. cit.*, p. 71 e ss.

[2] H. JACQUOT, *Droit de l'Urbanisme*, Paris, 1998, p. 12.

(apesar da boa intenção legislativa) o disposto no artigo 26.º/12 do Código das Expropriações e no artigo 143.º/3 ou mesmo no artigo 112.º/6/7 do Decreto-Lei n.º 380/99, de 22 de Setembro. Todavia, sempre caberá aos interessados o recurso aos remédios jurisdicionais para a tutela das respectivas posições jurídicas subjectivas.

Outra leitura conduziria a reconhecer que o ordenamento jurídico urbanístico consagra uma tutela maior da que é assegurada pela Constituição (artigo 62.º), como parece resultar do n.º 4 do artigo 143.º do Decreto-Lei n.º 380/99, de 22 de Setembro [1].

---

[1] Sabendo-se que os solos *extra planem* não recebem, por regra, qualquer indemnização, a solução a dar aos terrenos que viram, por qualquer razão, diminuído o seu valor edificatório atribuído pelo plano, deveria ser semelhante (mas não necessariamente igual), tendo como referência o valor inicial ou rústico – considerando este(s) o ponto de partida para a fixação do justo preço da expropriação urbanística.

Em síntese, o montante da indemnização deve centrar-se no valor inicial do terreno, sendo que pode revelar-se imprudente falar de um valor de mercado quando este é frequentemente anómalo. Posição que me parece em harmonia com a insistência na ideia de que a edificabilidade é atribuída pelo plano, não omitindo que, diferentemente, a vocação edificatória de um terreno não depende exclusivamente do plano (que até pode inexistir), mas também das características do solo e da localização das parcelas.

Na verdade, a maior incoerência e injustiça do direito urbanístico está, a não ser que se aplique um reparcelamento geral (que não me parece possível), na discrepância entre os proprietários dos solos declarados urbanizáveis pelo plano e os proprietários dos terrenos declarados não urbanizáveis. O que o plano urbanístico deveria então oferecer não é o *ius ædificandi* mas o *ius urbifaciendi*. Ao direito de construir casas deverá corresponder o momento autorizativo; ao direito de fazer a cidade é indispensável o plano, concepção que questiona a ideia da possibilidade de edificar apenas com base no plano. Afastar-se-ia, assim, o entendimento da licença permissiva ou declarativa, consentânea com a tese da atribuição, pelo plano urbanístico, do momento constitutivo do *ius ædificandi,* para se passar a sustentar

Poder-se-á objectar [1], é certo, que os números 2 e 3 deste artigo não contemplam algumas das situações que configuram uma expropriação do plano – reserva de terrenos de particulares para instalação de equipamentos colectivos ou a destinação, pelos planos, de parcelas de terrenos para espaços verdes privados. Embora pertinente, pela leitura literal das referidas normas, não creio que tal interpretação resista a uma exegese constitucionalmente orientada e fundada. Se não estivermos de todo equivocados, pensamos que o legislador foi aqui longe de mais.

---

a tese da licença (constitutiva) – ela, sim, o verdadeiro momento constitutivo do *ius ædificandi*.

[1] Neste sentido, ALVES CORREIA, "Planos municipais de ordenamento do território, perequação de benefícios e encargos e indemnização", in *Estudos em Homenagem ao Prof. Doutor Rogério Soares*, Coimbra, 2001, p. 81 e ss, cuja tese (inconstitucionalidade) me parece atingir uma coloração excessivamente normativo-proprietarista.

A solução bem poderia ser a inspirada no artigo 48.º/4 do Decreto-Lei n.º 555/99, de 16 de Dezembro, alterado pelo Decreto-Lei n.º 177/2001, de 4 de Junho.

CAPÍTULO VI

REABILITAÇÃO URBANA, ESTÉTICA E CENTROS HISTÓRICOS

CAPÍTULO VI

1. Concluído o estudo desta figura relevantíssima (expropriação urbanística), resta-nos abordar o último Capítulo, relativo à *reabilitação urbana*, com especial ênfase para a tutela dos *centros históricos*. Esta é uma parte intencionalmente aberta à sensibilidade do(s) regente(s) da disciplina.

Regressamos, assim, a um aspecto culminante do urbanismo cultural, inicialmente referido, em consonância com o Estado de Direito Cultural. Após os espinhos do positivismo urbanístico, o repouso em temas de feição mais cultural e estética. Trata-se de um Capítulo do Programa da disciplina ao qual damos muita importância, procurando sensibilizar o aluno para a necessidade de proteger o património histórico-cultural.

Começamos por esclarecer que empregamos a noção de reabilitação urbana em sentido amplo, em sintonia com a Convenção para a Salvaguarda do Património Arquitectónico da Europa, cujo artigo primeiro nos diz que o património urbano inclui os monumentos, mas também os conjuntos e os sítios [1]. Não identificamos, portanto,

---

[1] Cfr., sobre o tema, S. G.-VARAS IBÁÑEZ, *La Rehabilitación Urbanística, op. cit.,* p. 169 e ss.

reabilitação urbana com conservação ou restauro, que é própria dos centros históricos, abrangendo também a renovação e a requalificação urbanística. Reabilitação como sinónimo de recuperação urbana. Em sentido amplo, na medida em que a reabilitação urbana se refere tanto aos centros históricos (conservação), como à cidade em geral ou a bairros em processo de degradação. Ainda em sentido amplo, porque nalguns dos instrumentos jurídicos e programas, como é visível no Programa Polis (Resolução do Conselho de Ministros n.º 26/2000, de 15 de Maio) [1], há manifestamente preocupações ambientais e estéticas [2]. Trata-se de proteger também o chamado ambiente urbano e a paisagem urbana. As intervenções urbanísticas têm aqui também uma dimensão ou vertente ambiental e paisagística, para além da urbanística.

Em síntese, a reabilitação urbana deve realizar-se paulatinamente sobre diferentes partes e espaços da cidade, distinguindo as edificações ou conjunto de edificações dignas de conservação daquelas outras susceptíveis de reedificação. Isto quer dizer que a reabilitação urbana passa também pela demolição e consequente reedificação, em conformidade com as normas urbanísticas

---

[1] O regime consagrado em diplomas posteriores (cfr. o Decreto-Lei n.º 314/2000, de 2 de Dezembro, artigos 3.º, 4.º, 6.º e 7.º, entre outros, no seguimento da Lei de autorização n.º 18/2000, de 10 de Agosto), não foi igualmente muito feliz, ao admitir também várias alterações e entorses ao estipulado em matéria de elaboração dos planos urbanísticos (planos de urbanização e de pormenor), bem como em matéria de licenciamento e de expropriações. Cfr. ainda o Decreto-Lei n.º 119/2000, de 4 de Julho, cujo anexo foi alterado pelo Decreto-Lei n.º 203-B/2001, de 24 de Julho.

[2] Recentemente, foi lançado, pelo Ministério do Planeamento, o Programa de Valorização Territorial, que apresenta alguns aspectos em comum com o Programa Polis.

e os planos especiais de reabilitação para a área da cidade em causa.

Um dos problemas mais delicados, postos pela reabilitação urbana, prende-se com as inevitáveis alterações de uso dos imóveis em função da tutela de bens urbanísticos, ambientais ou sociais, o que pode chocar com o entendimento do Plano Director Municipal como "banco de direitos de construir" [1]. Impõe-se aqui um projecto completo e ao mesmo tempo complexo de recuperação de uma zona da cidade.

Um olhar pelo direito comparado (França, Alemanha e Itália) mostra-nos que algumas das características da reabilitação urbana são o dirigismo administrativo (reabilitação como função pública e consequente realização daquela através de planos especiais de reabilitação), a participação dos cidadãos no procedimento reabilitador e a inclusão de meios financeiros afectos à reabilitação [2].

Cabe aqui também a análise de alguns aspectos relevantes como a estrutura político-administrativa (níveis de competência), a principal legislação urbanística, os instrumentos de planeamento e ainda medidas e *Programas* de fomento da reabilitação urbana [3].

---

[1] De acordo com dados constante do Relatório do Estado do Ordenamento do Território de 1999 (já lá vão quase três anos), as áreas urbanizáveis previstas nos Planos Municipais de Ordenamento do Território representam, em média, um aumento de 47,46% da área urbana existente.

[2] Cfr., entre outros, S. G.-VARAS IBÁÑEZ, *op. cit.*, p. 186 e ss.

[3] Destes elementos damos conta num nosso estudo recente, pelo que nos dispensamos de maiores desenvolvimentos num Relatório que já vai longo. Para além dos diplomas aí referenciados, COLAÇO ANTUNES, "Contributo para uma percepção jurídico-cultural do centro histórico", *op. cit.*, p. 84 e ss, anotamos, com interesse, o Decreto--Lei n.º 329-C/2000, de 22 de Dezembro, bem como a Portaria n.º 56-A/2001, de 29 de Janeiro.

Desta observação, colhemos a conclusão que o modelo urbanístico de reabilitação (especialmente dos centros históricos) que mais se assemelha e inspirou a experiência portuguesa é a francesa, com os seus originários Planos de Salvaguarda e Revalorização, as Zonas de Protecção do Património Arquitectónico e Urbano (ZPPAU), que se têm vindo a descentralizar desde 1983, e os conhecidos Perímetros de Restauração Imobiliária (PRI) [1].

Quanto à Alemanha, há a destacar a Lei sobre a Promoção do Urbanismo e o Código Federal da Construção, que oferecem a possibilidade de delimitar áreas sobre as quais se aplicam as *Operações de Renovação,* mediante planos de saneamento. Dá-se, assim, uma certa preferência à reabilitação e modernização, em detrimento da renovação urbana, embora esta tenha uma expressão actual considerável [2].

Em relação à Itália, a partir da publicação da Lei n.º 457, de 1978, sobressai o Plano de Recuperação (PdR), cujo âmbito deve respeitar as indicações do plano urbanístico superior e fixar as unidades mínimas de intervenção. Face à riqueza do património histórico-cultural das cidades italianas, estes planos têm tido um carácter essencialmente conservacionista e restaurador [3].

---

[1] J. LOUIS AUTIN, "La zone de protection du patrimoine architecturel urbain et paysager", in *La questione dei centri storici (Gli strumenti normativi di tutela e di intervento nello Stato di Cultura),* Milano, 1997, p. 451 e ss.

[2] Veja-se, por exemplo, U. BATTIS / P. P. LÖHR, "Die Neuregelungen des Baugesetzbuchs zum 1.1.1998", in *NVwZ,* n.º 12, 1997, p. 1145 e ss.

[3] Em relação a Itália, a literatura é vastíssima. Cfr., a título exemplificativo, L. CERVELLATI, *L'arte di curare la città,* Bologna, 2000, esp. p. 90 e ss.

Conteúdo Programático – Capítulo VI   209

Relativamente a Portugal têm-se utilizado os Planos (especiais) de Salvaguarda (e Valorização), que denotam também alguma influência francesa e dos PEPRI espanhóis, previstos, desde logo, no artigo 21.º/5 da Lei n.º 13/85, de 6 de Julho, alterada pela Lei n.º 19/2000, de 10 de Agosto (que se mantém em vigor, ao invés da primeira) [1], sob a forma de planos de pormenor (ou até de planos de urbanização), dando-lhes um conteúdo de recuperação e conservação do centro histórico (vejam-se os exemplos dos Planos de Salvaguarda dos bairros de Alfama e da Colina do Castelo, bem como o da Mouraria). Advogamos, por outro lado, a necessidade de um plano específico para a protecção e valorização dos centros históricos [2].

Já, curiosamente, quanto aos instrumentos de planificação territorial e urbanística, que sempre devem enquadrar a reabilitação urbana, verificamos (sem esquecer outras experiências anteriormente referenciadas) algumas similitudes (mutáveis com o tempo) com o ordenamento dinamarquês. Assim, por exemplo, os Planos Regionais de Ordenamento do Território têm o seu equivalente na planificação regional dinamarquesa, enquanto o Plano Director Municipal (que se desenvolve no Plano de Urbanização e no Plano de Pormenor) tem o seu equivalente dinamarquês no Plano regulador municipal que, por sua vez, se completa em planos (locais) operativos [3].

---

[1] Cfr., agora, a Lei n.º 107/2001, de 8 de Setembro, nomeadamente o seu artigo 53.º

[2] COLAÇO ANTUNES, "Contributo para uma percepção jurídico-cultural do centro histórico", *op. cit.*, p. 67 e ss.

[3] Esclareça-se, esta leitura tem, naturalmente, uma perspectiva histórico-comparatística.

210 Luís Filipe Colaço Antunes

Problema interessante e delicado é o de saber se o plano, que não deve ser apenas "sectorial", na protecção e recuperação do centro histórico, deve respeitar mecanicamente o plano superior, de acordo com o princípio da hierarquia. Cremos que não, por se tratar de um plano especial, que tutela, aliás, bens culturais de interesse nacional, ainda que a responsabilidade pela sua elaboração possa caber à Administração Local.

2. Porque julgamos incontornável, nesta matéria, o problema jurídico da estética [1], as reflexões que se seguem tocam vários níveis, como o direito substantivo ou a delicada questão do controlo jurisdicional dos actos autorizativos, em aplicação do conceito indeterminado "valor estético" aos imóveis e aos conjuntos histórico-culturais.

Impõe-se, em primeiro lugar, o regresso a uma concepção estética de cidade [2], ainda que isso não signifique o rigor dos tempos do neoclassicismo absolutista e ilustrado [3]. Impõe-se, pelo menos, pôr fim à banalização da estética imposta por razões utilitaristas e funcionais. Recordamos, como exemplo de arquitectura e estética funcionais, o *Deutsche Werkbund* ou o *Bauhaus* ou o princípio de LE CORBUSIER "de la machine à habiter". Gostaríamos de ver de novo o enlace entre a estética e a arquitectura, aliando a ética da concepção à beleza da forma. Daí a

---

[1] Para o direito francês, o estudo esclarecedor de ROBÈRT SAVY, "Construction et protection de l'esthétique. Règles de droit public", in *Droit et ville,* n.º 2, 1976, p. 43 e ss.

[2] Cfr., entre muitos, L. CERVELLATI, *La città bella,* Bologna, 1991, pp. 53 e ss, e 99 e ss.

[3] Sobre a noção de estética e a sua actualidade, veja-se o refinado estudo de H. G. GADAMER, *L'Actualité du Beau,* tr. franc., Paris, 1997, p. 85 e ss.

importância do Plano de Pormenor para o desenho, ainda que parcelar, da cidade. Em síntese, o regresso à cidade, da política de reabilitação urbanística, deve constituir uma oportunidade para reconsiderar a estética e até as medidas de polícia administrativa.

Não esquecemos que o problema jurídico da estética é delicado, a começar pela ideia bastante arreigada de que se trata de uma *realidade subjectiva* [1]. Ao invés, importa perceber que é possível criar um conceito jurídico de estética baseado fundamentalmente no princípio da legalidade e até no princípio da proporcionalidade. Um conceito jurídico objectivo, ainda que indeterminado, ancorado na lei, nas normas administrativas locais e nas prescrições do plano. Uma outra forma de objectivar este conceito é o da harmonia (ou a falta dela) de uma construção em relação ao espaço em que se situa. Podíamos, assim, socorrer-nos de noções com a *venutas* (consonância estética) ou de *bien-séance*, facilmente verificáveis quando estamos perante zonas da cidade de marcado interesse e relevo arquitectónico e artístico, e não tão facilmente quando situuamos o problema em relação à parte moderna da cidade [2]. De todo o modo, mesmo aqui, a cidade deverá ter uma imagem própria, revestida, por exemplo, do predomínio de uma cor e de um estilo arquitectónico e não, como banalmente acontece, uma desregulada utilização destes elementos, artigo 91.º/1/e) do Decreto-Lei n. 380/99, de 22 de Setembro [3].

---

[1] Veja-se o interessante ensaio de C. WILLIAMS, "Subjectivity, Expression and Privacy: Problems of Aesthetic Regulation", in *Minn. L. Rev.*, n.º 1, 1977, p. 27 e ss.

[2] COLAÇO ANTUNES, "Contributo para uma percepção jurídico-cultural do centro histórico", *op. cit.*, p. 72.

[3] É do nosso conhecimento, a utilização, por exemplo, no sul de França, de materiais, volumetrias e estilos arquitectónicos em consonância com a parte antiga da cidade.

A estética, como realidade jurídica, integra primeiro a função administrativa e depois a função jurisdicional, a quem cabe, tratando-se de um conceito jurídico objectivamente determinável, a última palavra. O direito alemão recorre ainda ao critério de "valoração do homem médio-culto-ideal" [1], como parâmetro de razoabilidade para aferir do dano estético-existencial (ausência de correspondência de volumetrias, cores, emprego de materiais anti-estéticos como o alumínio, publicidade estridente nos centros históricos, desproporção de uma porta de garagem em relação à fachada do edifício etc). Não podem, aliás, evitar-se algumas dúvidas sobre a sensibilidade e actualidade do nosso sistema jurídico, como acontece com o célebre e velhíssimo Regulamento Geral das Edificações Urbanas, se bem que parcialmente actualizado nesta matéria pelo Decreto-Lei n.º 555/99, de 16 de Dezembro.

A questão estética, trazendo consigo o dilema do belo e do feio, que referenciámos com algum detalhe no início do conteúdo do Programa, acerca-se, como foi dito, a uma maior delicadeza quando falamos de estética em relação à parte moderna da cidade.

Regressando ao problema do controlo prévio, operado através do acto autorizativo ("licença de construção"), este não pode assumir vestes absolutistas em relação a projectos de construção que de alguma forma destoam do seu entorno. É que, trazendo à colação o artigo 42.º da C.R.P. (liberdade de criação cultural), fórmula que engloba também a arquitectura, verificamos que o critério da harmo-

---

[1] Cfr. G. SCHELZ, *Landesbauordnung für Baden-Württemberger. Kommentar 1996*, München, 1996, p. 157 e ss, com referências abundantes à jurisprudência alemã.

Veja-se ainda YVES RODRÍGUEZ, "La protection administrative de l'esthétique", in *Droit et ville,* n.º 14, 1982, p. 142 e ss.

Conteúdo Programático – Capítulo VI 213

nia com o espaço urbano circundante não pode ser entendido de forma absoluta ou simplista (por exemplo, a construção da *Torre Eiffel* foi inicialmente rejeitada em Barcelona pela sua extravagância estético-urbanística) [1]. De todo o modo, como salientámos na nossa tese de doutoramento [2], não se pode ignorar a *place identity* [3], como elemento da própria *self identity,* a que não são estranhos os gostos e as formas de convivialidade, sem cair no excesso pitoresco de valorar igualmente uma acácia bastarda e um cipreste toscano.

Tudo somado, face à difusa situação que preside ao mundo arquitectónico e da arte, a consonância com o "ambiente urbano" não pode traduzir-se num qualquer mimetismo da construção, podendo mesmo justificar-se uma estética de contraste fundado e deliberado (adequação por contraste – como é visível numa obra da autoria de SIZA VIEIRA, em Vila do Conde).

As recentes reformas legislativas dão-nos conta da sua preocupação estético-cultural-ambiental (artigos 14.º e 15.º do Decreto-Lei n.º 380/99, de 22 de Setembro, artigos 89.º e 102.º e seguintes do Decreto-Lei n.º 555/99, de 16 de Dezembro ou o artigo 7.º do Decreto-Lei n.º 292/2000, de 14 de Novembro), bem como no Programa Polis (Resolução do Conselho de Ministros n.º 26/2000, de 15 de Maio),

---

[1] Cfr. S. G.-VARAS IBÁÑEZ, *op. cit.,* p. 243.

[2] Sobre esta questão, COLAÇO ANTUNES, *O Procedimento Administrativo de Avaliação de Impacto Ambiental..., op. cit.,* p. 735 e ss.

[3] Sobre a noção de *identidade cultural* e as dificuldades da sua conceptualização (jurídica) na sociedade hodierna ocidental, atingida por um pluriculturalismo paradoxalmente unidimensional, J.-M. PONTIER, "Entre le local, le national et le supra-national: les droits culturels", in *A.J.D.A.,* n.º especial sobre o serviço público cultural, 2000.

onde, apesar de tudo, as preocupações estéticas deveriam assumir outro esplendor e especificidade [1].

Ainda relativamente à belíssima questão da reabilitação dos centros históricos, que têm sido classificados no nosso país como imóveis de interesse público (veja-se o Decreto n.º 67/97, de 31 de Dezembro, que classificou o centro histórico do Porto), não deixamos de problematizar os conceitos de centro histórico, centro antigo, para passar depois à noção de cidade monumental. A traduzibilidade da expressão de *centro histórico* em diferentes contextos linguísticos e culturais, para além de implicações conceptuais, comporta consequencialmente diferentes modos e técnicas jurídicas de tutelar o centro histórico, funcionando esta exposição como vestíbulo à análise dos principais instrumentos jurídicos vigentes no nosso ordenamento [2].

Surge aqui também o ensejo de darmos a conhecer os contributos da União Europeia, de que os Programas URBAN e RAFFAELLO são apenas um exemplo, reconhecendo-se expressamente no T.C.E. (artigo 151.º) a necessidade de tutelar e conservar o património cultural dos Estados-membros.

Preocupação idêntica é visível também ao nível do Conselho da Europa, onde transparece uma noção ampla de património cultural, reconhecendo-se à paisagem o estatuto de elemento integrante do património e lugar de identidade das pessoas e dos povos.

---

[1] Muito recentemente, como já foi assinalado, merece destaque a Lei n.º 107/2001, de 8 de Setembro, especialmente os seus artigos 2.º, 3.º, 9.º e ss, 12.º, 15.º, 18.º, 20.º e ss, 40.º, 43.º, 44.º, 47.º, 51.º e ss, e 55.º e ss.

[2] Mais uma vez, COLAÇO ANTUNES, "Para uma percepção jurídico-cultural do centro histórico", *op. cit.*, p. 73 e ss.

As Convenções europeias "Para a Protecção do Património Arquitectónico da Europa" e "Para a Protecção do Património Arqueológico" ou a Convenção para a Protecção do Património Mundial, Cultural e Natural, bem como outras Convenções Internacionais importantes, não são esquecidas [1], inclusive a recentíssima Carta de Cracóvia.

Do que sabemos, estudamos e ensinamos, não podemos deixar de concluir que uma planificação urbanística *especial* se torna indispensável para a tutela integrada e harmónica dos centros históricos, ultrapassando a sublimação urbanística dos planos de pormenor, num quadro jurídico harmonioso e senhorialmente elaborado.

Para além da importância urbanístico-cultural desta matéria, importa que os alunos de Direito percebam que não há futuro sem passado, apesar da descerebrada *instantanização* dos nossos dias, lembrando-lhes ainda, como dizia THOMAS HOBBES, que a vida, sem a cidade como lugar do habitar dialógico (dizemos nós), é desagradável, pobre, solitária, curta e tantas vezes embrutecedora.

Também é verdade que, com BAUDELAIRE, *la forme d'une ville change plus vite que le cœur d'un mortel* e que o exemplo de HAUSSMANN fez escola, esventrando, sem "escrúpulos", os corações antigos das cidades para criar a *percée centrale*, sem a qual, pensava-se, a cidade não se poderia modernizar. A cidade fundada na lógica da centralidade espacial, simbólica e cultural, cedeu o passo à "cidade-bricolage", à *cidade débil* e *apátrida,* para usar uma categoria própria da epistemologia do pensamento débil.

---

[1] Cfr. JORGE FERREIRA, *Direito do Património Histórico- -Cultural (Cartas, Convenções e Recomendações Internacionais e Actos Comunitários),* Coimbra, 1998.

Convidamos, por último, os nossos alunos a passear vagarosamente pelo "centro histórico" da sua cidade ou vila e aí tentar encontrar o *lugar* para o habitar cívico. Porque a identidade do lugar é também a nossa identidade ou porque é humano ter saudades do *estar-ali-aqui*... pelo menos *uma* vez ter sido, *estar ali*, não parece revogável, como dizia RAINIER MARIA RILKE.

Enfim, a estética como *sinal* de uma ordem possível, como ensina o também arquitecto LUDWIG WITTGENSTEIN, e até, dizemos nós, como terapia do espírito e do império dos sentidos.

A nossa cor é o amarelo tardio, provençal. A cor constitui, assim, um elemento formador e significante das coisas, da vida, da paisagem e até das cidades.

A infantilidade e a superficialidade das cores em certas épocas, inclusive na dos nossos dias, explica, creio, por que razão GOETHE afirmava a aversão das pessoas cultas à cor. Como explica também a afirmação de TORGA, quando realça a "estupidez do verde" descerebrado e permissivo.

Basta "ver" os quadros de REMBRANDT, GOYA ou de MATISSE, para perceber o significado e a "culpa" da cor.

A ética sem estética é incompletude. Não é...

A cidade moderna, como está desenhada, é um projecto de morte impensada e entediante.

A nossa cidade passa pelo conceito de *urbs* – agregado harmonioso de "volumes de pedra", monumentos e percursos – e pelo conceito de *civitas,* qual entidade – física e imaginária – representativa da comunidade dos homens, de todos os homens.

Tal como o Direito Administrativo, o nosso Direito Urbanístico é um Direito *conceptual,* por mais que isso doa à traição de um legislador provincianamente dogmático. Um Direito Urbanístico, concebido como um mero conceito *legal,* será sempre um Direito efémero e contingente.

Como será possível, de outra forma, resistir à *desadministrativização* do direito público, à *fuga* inconstitucional para o direito privado e à actuação e métodos *paramilitares* da Administração Local (no terreno urbanístico)?

Numa espécie de *nostalgia da Ágora-Atenas,* a cidade como espaço profano e sagrado, mercado de manhã, democracia pela tarde e sede de convivialidade quotidiana sempre.

> Quando nasci, um anjo torto
> desses que vivem na sombra
> disse: Vai, Carlos! ser *gauche* na vida.
>
> DRUMMOND DE ANDRADE

> Quando as virtudes eram perigosas
> e a esquerda divina.

4. MÉTODOS DE ENSINO TEÓRICO E PRÁTICO DA DISCIPLINA

4. MÉTODOS DE ENSINO TEÓRICO E PRÁTICO DA DISCIPLINA

Porque falamos de métodos e de metodologia, a primeira observação vai no sentido (inverso ao da lei) de considerar que as reflexões sobre o método deveriam anteceder o programa e os conteúdos. A explicação parece cristalina, visto que não se pode ignorar que os métodos a eleger condicionam inevitavelmente o programa e os seus conteúdos.

Naturalmente que as opções metodológicas são também elas sobredeterminadas pelo modelo de Universidade que se pretende (e em que o Curso de Direito se insere).

Outros condicionalismos prévios existem que igualmente influenciam os elementos constantes do Relatório, *maxime* dos métodos, como podem ser a existência ou não de instalações adequadas, duração semestral ou anual da disciplina, número de aulas teóricas e práticas por semana (o drama do tempo), bem como as normas que regem o ensino numa Faculdade de Direito (por exemplo, a natureza facultativa ou obrigatória das aulas teóricas e práticas e por aí adiante).

No que tange ao modelo de Universidade, cremos que esta deveria servir três "senhores". Em primeiro lugar, a função de refúgio propício à reflexão e investigação. A Universidade, como espaço de criação intelectual, a exigir do professor a condição de "atleta do só". Este momento de solidão é indispensável para se atingir a raiz dos problemas postos pela investigação (ORTEGA Y GASSET). Obviamente que à "sacralidade" da investigação se deve seguir o momento do debate científico com os colegas da Secção ou Departamento, para depois se alargar a toda a comunidade científica.

O segundo "senhor" a que há que "prestar contas" é a realidade que se nos depara, sob a forma de uma preparação teórica e prática do aluno para o exercício de uma profissão jurídica.

Em terceiro lugar, a Universidade deve estabelecer uma relação adequada e equilibrada com a comunidade que o rodeia. A Universidade não pode ser um "ghetto" de sábios, mas também não se deve deixar deslumbrar por seduções conjunturais e económicas que possam magoar os seus lemas mais nobres.

O segundo objectivo coloca pelo menos um outro problema. Como deve ser a relação professor-aluno?

Sou ainda de um tempo universitário em que o professor era absolutamente soberano e a Universidade essencialmente um lugar sagrado de erudição. Ao invés, as novas Universidades propendem para o modelo oposto desta delicada relação, em que o "domínio" (que não epistemológico) é fundamentalmente do aluno.

Para nós, a solução está num paradigma intermédio. Ao professor cabe investigar e ensinar, sabendo que também aprende com os alunos (até com os seus erros); ao aluno cabe ser um participante activo, reflexivo e mesmo crítico sobre a ementa e os sabores pedagógico-científicos que lhe são oferecidos.

Em suma, um ensino dialógico (mas já não dialogal ou monologal). Ao professor exige-se capacidade pedagógico-científica, uma boa formação ética e capacidade de sedução.

Ao aluno exige-se a mesma ética, assiduidade, participação activa e imensa curiosidade intelectual.

Neste sentido, a sala de aula não pode ser um espaço monótono e repetitivo, mas antes um lugar atractivo e dialógico (com maior expressão, este último, nas aulas práticas).

O professor deve saber combinar as qualidades de especialista e de artista (um actor que se move bem no palco), de modo que o ensino das matérias seja também o reflexo da sua investigação e capacidade de comunicação. Não se trata de mundos opostos mas complementares do ser e do dever-ser-professor. O professor deve harmonizar a racionalidade teorética (investigação) com a racionalidade técnico-prática (mais instrumental ao exercício de uma profissão jurídica), numa revalorização do conhecimento (re)construído na prática profissional. Propõe-se, assim, uma síntese da razão teórica com a razão prática. Uma boa teoria precisa de uma boa prática e uma boa prática tem de assentar numa boa teoria.

A relação pedagógica (professor-aluno) tem na comunicação verbal um dos seus aspectos mais relevantes, sem que se possa concluir (como muito frequentemente acontece na nossa cultura) que ensinar é apenas falar. Diria antes que é sobretudo comunicar, atenuando a relação cortante entre observador e observado. Ensinar Direito será então um agir comunicativo, a exigir determinados sujeitos qualificados, uma linguagem própria e um objecto específico.

Sabemos que, numa aula teórica, o falar é sobretudo ensinar, mas tal não significa que a proeminência da linguagem nas acções pedagógicas se esgote na interacção verbal. Igualmente importantes são a leitura de textos, o exercício escrito, apontamentos que se tomam, o estudo de casos práticos e da jurisprudência.

Sem ignorar a distinção entre aulas teóricas e aulas práticas, compreender o que é uma aula exige a consideração dos usos da linguagem que a constituem.

Afinal, uma disciplina é um objecto linguisticamente construído. O professor, numa aula, enquanto lugar de transmissão e aquisição de saberes, deve ser um falante capaz, na medida em que o seu universo linguístico produz e reproduz a sua capacidade de analisar, de descrever e de interpretar. O professor e o aluno "dizem" e "fazem dizendo", numa interacção verbal (e escrita) permanente, o que é afinal o programa e o seu conteúdo.

O método deve dar resposta a várias dificuldades: recontextualização, na aula, do discurso pedagógico; construção dos diversos papéis dos sujeitos falantes; recriação de universos de referência; mobilização e actualização dos conhecimentos prévios adquiridos noutras disciplinas (pelo menos das mais pertinentes). A aula pode ser (assim) uma espécie de orquestra, que exige uma especial harmonia entre o Maestro e os músicos. Pensamos não ser exagerada a metáfora, sobretudo quando falamos de uma disciplina do 5.º ano.

Do que se trata verdadeiramente é de formar juristas, capazes de pensar e entender o Direito e com isso resolver problemas concretos da sua aplicação. Daí a inevitável relação entre a ciência e a técnica jurídicas, entre a norma e a realidade, entre o Direito legislado e o Direito aplicado.

Se as dimensões científica e técnica do ensino do Direito devem estar juntas, o certo é que a formação profissional do jurista deve basear-se numa sólida formação científica. Isto parece-nos essencial, se percebermos que vivemos um tempo de multiplicidade de funções jurídicas e de uma produção normativa torrencial (*overdose* legislativa). É um tempo de mutabilidade instantânea do real e do normativo, para o qual o jurista deve estar preparado. É que o presente encerra simultaneamente o passado e o futuro.

O jurista, como ensina CAPOGRASSI, tem que estar em condições de perceber que interpretar e aplicar uma norma jurídica obriga à convocação de todo o sistema jurídico, com toda a sua lógica e deontologia.

Em suma, o professor não deve ceder perante o practicismo hoje tão em voga, numa mentalidade utilitarista e empresarial que tende a seduzir pragmaticamente a própria Universidade. Esta não pode deixar de garantir uma certa biodiversidade dogmática, por forma a desenvolver, ao mais alto nível, uma função cultural e científica, sem descurar a preparação de verdadeiros profissionais de Direito [1].

Pensamos mesmo que um dos sinais de "crise" da Universidade está na ausência de equilíbrio entre o modelo científico-cultural de Universidade e o modelo técnico-profissionalizante. Por outras palavras, a necessidade de criar um paradigma de Universidade que saiba reunir as virtualidades dos dois modelos. Não será simpático dizê-lo, mas, quanto a nós, o perigo vem hoje da hegemonia do modelo técnico-profissional, travestido de uma retórica tão óbvia quanto paupérrima. É o problema da banalização da Universidade, imposta pela massificação e apoiada no discurso da economia do *cowboy,* derrubando brutalmente os muros universitários.

Se a Universidade é o universal sem os muros, também é certo que esta não pode ceder perante a barbá-

---

[1] FREITAS DO AMARAL, "Relatório...", *op. cit.,* p. 276.

rie dos números. Como dissemos anteriormente, a Universidade não pode perder essa qualidade de espaço-refúgio do professor-investigador, sob pena de se produzir um discurso estereotipado, unidimensional e acrítico. A Universidade não pode, não deve ser um deserto unidimensional de ideias, em que o professor para sobreviver tenha de se alimentar de raízes. A solução está no equilíbrio entre as duas visões antes referenciadas.

Especificando gradualmente o nosso discurso, o método de ensino do Direito Urbanístico deve ser basicamente o método retórico-argumentativo, tal como acontece noutras disciplinas do curso de Direito, na lógica do modelo histórico romano-germânico. Esta opção metodológica obriga-nos, contudo, a não ignorar as virtudes do modelo do *common law,* de cariz mais técnico e profissionalizante.

Como salienta ALVES CORREIA [1], o ensino do Direito do Urbanismo apresenta algumas especificidades. Com efeito, as particularidades de algumas matérias constantes do programa da disciplina, designadamente as pertinentes à análise e compreensão do conteúdo dos planos e à interpretação da sua parte desenhada (gráfica), aconselha o convite a individualidades exteriores à Faculdade de Direito – filólogos, urbanistas, engenheiros ou planeadores do território. Matérias como a estética e a reabilitação dos centros históricos carecem igualmente da presença nas aulas de historiadores da arte e de arquitectos, só para citar alguns exemplos.

A segunda especificidade metodológica prende-se com o peso da jurisprudência constitucional e administrativa

---

[1] ALVES CORREIA, *Estudos de Direito do Urbanismo, op. cit.,* p. 76. No mesmo sentido, MARIA DA GLÓRIA DIAS GARCIA, *Direito do Urbanismo, op. cit.,* p. 112.

Métodos de Ensino Teórico e Prático da Disciplina   227

(e até dos tribunais judiciais em algumas matérias), a revelar toda a importância prática e social desta disciplina que é igualmente um laboratório de reelaboração de alguns dos institutos fundamentais do Direito Administrativo. Daí a importância da chamada "jurisprudência teórica", a par da jurisprudência prática. Bastará recordar que uma boa parte do contencioso administrativo tem por objecto questões urbanísticas (contencioso urbanístico), sem esquecer os contributos decisivos do Tribunal Constitucional, nomeadamente em matéria de expropriação por utilidade pública.

E aqui entra uma outra particularidade relevantíssima, que aponta para a simbiose, com refracções mútuas, entre a doutrina e a *praxis* jurisprudencial. A tradicional separação (por vezes cortante) entre a Universidade e o Foro não só se atenua como se complementa. Aliás, a jurisprudência administrativa tem tido ultimamente um papel do maior alcance na renovação do direito processual administrativo, a que o contencioso urbanístico não é, de resto, imune.

A análise da jurisprudência deve ter lugar em aulas teórico-práticas ou, não sendo aí possível (nomeadamente por falta de tempo), nas aulas práticas.

A propósito da relação entre aulas teóricas e aulas práticas, deve existir uma adequada coordenação por parte do regente da disciplina, por forma a constituírem um todo harmonioso e coerente. Esta exigência obrigará a contactos regulares entre os elementos da equipa docente, inclusive ao nível da preparação e estruturação da disciplina, sem que tal coordenação signifique a menoridade ou marginalização das apetências científicas do docente das aulas práticas.

A situação posta não impede que o regente da disciplina possa também leccionar as aulas práticas, o que, aliás, se pode revelar extremamente proveitoso sob vários pontos de vista [1].

Quanto às clássicas aulas práticas diríamos que elas devem, em obséquio ao seu carácter mais analítico, exemplificador e crítico-prático, servir vários objectivos. Antes de mais, esclarecer e sanear as dúvidas suscitadas pela aula teórica (magistral, segundo os cânones tradicionais), sem prejuízo do professor dedicar os últimos cinco ou dez minutos da aula teórica a esclarecer dúvidas dos alunos. Depois, deve permitir o aprofundamento de alguns pontos da matéria que não tenha sido temporalmente possível desenvolver na aula teórica. A aula prática serve ainda para estudar (aturadamente) e debater a jurisprudência, atempadamente fornecida aos alunos, além dos "casos práticos" pertinentes à evolução consequencial do programa da disciplina. O espaço e o tempo da aula prática é ainda um meio propício para debater contraditoriamente os trabalhos (pequenas reflexões a propósito de um tema) realizados pelos alunos. Aspecto interessante e específico desta disciplina será o de analisar alguns planos (o Plano Director Municipal), cuja textura se constata como muito variável.

Estes elementos, de acordo com um modelo de avaliação contínua, servem, a par dos pontos escritos, para avaliar o nível e intensidade da aprendizagem do aluno e, por conseguinte, para sabermos se está (no que respeita à disciplina) em condições de desempenhar com êxito uma profissão jurídica.

Somos de opinião que as primeiras aulas teóricas são de uma importância crucial para o bom andamento

---

[1] Neste sentido, FREITAS DO AMARAL, "Relatório...", *op. cit.*, p. 317.

pedagógico-científico da disciplina. Nelas, o professor deve conduzir os alunos a uma visita guiada ao programa, chamando a atenção para aspectos nevrálgicos do ponto de vista dogmático e prático. É também a oportunidade para o regente dar a conhecer os pressupostos epistemológicos de que parte e as grandes pré-compreensões que enformam o programa fornecido aos alunos. Isto é, o programa deve conter teses, cuja validade deve ser testada (contraditoriamente) ao longo do desenvolvimento da disciplina, desmaterializando magistralmente o Direito e o seu ensino. Daí que sustentemos a tese de um programa de autor. É mais uma faceta do professor-artesão do saber.

Nas aulas seguintes, o professor da cadeira deve (no início de cada aula) delimitar o tema, sensibilizando o aluno para a sua relevância, desenvolvendo-o seguidamente. Nos últimos minutos (cuja amplitude dependerá da duração da aula normativamente fixada), o professor, além de poder esclarecer qualquer dúvida pertinentemente suscitada, deve ainda endereçar aos alunos sugestões de leituras e tarefas a realizar. Estes elementos são posteriormente desenvolvidos nos sumários respectivos.

Em resumo, entre as aulas teóricas e as aulas práticas deve existir uma relação de complementaridade, por forma a permitir uma formação satisfatória do estudante de Direito. Ao professor da aula teórica pede-se, uma vez mais, que o seu discurso possua duas qualidades: a elegância conceptual e a contraditoriedade (sem perda de coerência discursiva). Ao professor pede-se que seja um bom actor, que se movimente com à-vontade no palco. O professor tem aí de mostrar paixão pelo que ensina e capacidade de sedução do "público". Cremos, por isso, que o *savoir-faire* se manifesta mais esplendorosamente quando tem a casa cheia – daí também a importância da assiduidade.

Curiosamente, o professor defronta-se aqui com uma dificuldade: o cariz utilitarista e pragmático do estudante actual, que tende a valorizar mais a aula prática – a tal aula que "serve para preparar a frequência ou o exame". É uma dificuldade que não deve fazer esmorecer o professor, estimulando-o antes a procurar a melhor forma de "atingir" o estudante que tem diante de si. O professor deve ser um sedutor mas não um *clown,* observação que os colegas das novas Universidades compreenderão melhor do que os professores das clássicas. É que nas primeiras falta, por vezes, tradição e normatividade universitárias, o que é frequentemente fonte de equívocos igualitaristas. Creio que "fazer" um jurista deve ser também uma certa forma de formar pessoas. A Universidade e, em particular, as Faculdades de Direito, não podem abdicar da sua dimensão humanista, sob pena de desrealização do Direito. Por isso, é nossa opinião ver a crise da Justiça centrada sobretudo nos agentes do direito. Não lidamos aqui com pedras (aliás, muito respeitáveis, como vimos) mas com pessoas.

Para terminar, uma breve referência ao sistema de avaliação contínua. Para além das vantagens já enunciadas por outros colegas [1], a sua bondade dependerá de uma relação qualitativa e quantitativamente adequada (turmas enormes são imprestáveis para este efeito) do docente (da aula prática) com os alunos.

No fundo, todos sabemos como as coisas se devem desenrolar. O problema está em fazer e fazer bem. Estas coisas aferem-se pelo que se fez e como se fez e não pelo que se diz ter feito ou vir a fazer. No fundo, tudo passa

---

[1] Cfr. VASCO PEREIRA DA SILVA, *Ensinar Direito (A Direito). Contencioso Administrativo, op. cit.,* p. 134.

Métodos de Ensino Teórico e Prático da Disciplina   231

pelo que se é e não pelo que se diz ser. Para mim, o perfil intelectual e ético do professor é marcante e isso não se deve poder inventar ou reinventar. O perfil de quem escreve é conhecido, esculpido em quase vinte e três anos de árdua e "solitária" carreira académica.

Não creio que um homem habituado a cultivar temores reverenciais e vassalagens (por caridade! O respeito e a admiração são outra coisa), possa ser um bom pedagogo. O professor deve ser um exemplo. Uma Faculdade de Direito que não possua professores de estirpe nunca fará Escola, estirpe que é perfeitamente compatível com o respeito e a admiração pelo "Mestre". Não vejo, sinceramente, como é que o professor possa ser criador de outra forma, e sem essa capacidade de inovar não há Escola, apesar dos muros. O que se sustenta, em outros termos, é a biodiversidade universitária e científica conjugada com o respeito pelo passado e pelos antepassados.

O problema pedagógico está, no fundo, nos sujeitos. Sem sujeitos de qualidade não há relação pedagógica qualitativa. O método vem depois e será uma consequência natural.

Em síntese, não pode existir um bom método pedagógico sem que os sujeitos desta relação tenham mérito científico e pedagógico autêntico. Neste país, somos mestres em dizer bem o que não somos capazes de fazer. Este é um problema de cultura e de ética científico-cultural. Por outras palavras, falamos magistralmente do que não sabemos, quando o aviso wittgensteiniano vai precisamente no sentido de aí, precisamente aí, nos devermos manter calados [1].

---

[1] L. WITTGENSTEIN, "Tractatus Logico-Philosophicus", in *Tractatus Logico-Philosophicus e Quaderni*, 1914-1916, Torino, 1995, prop. 7, p. 109.

Preferimos, em suma, uma certa "ingenuidade episte-mológica", ao atrevimento descerebrado que por aí pulula. Por outras palavras, o programa deve ser exequível e para cumprir.

Por último, uma referência à bibliografia. As indica-ções bibliográficas devem servir dois objectivos essenciais: em primeiro lugar, o de fornecer ao aluno indicações pre-cisas para o estudo da matéria sumariada em cada aula, sustentando a aprendizagem dos alunos e complemen-tando os respectivos apontamentos; em segundo lugar, a lista bibliográfica deve permitir também ao aluno, em obséquio às suas apetências, o suporte necessário para fazer um trabalho de investigação ou de maior fôlego. Não esquecemos também a legislação urbanística pertinente a cada capítulo do programa.

O ideal, mas insuficiente, seria a existência de um texto completo e actualizado, o que, face à mutabilidade e infixidez normativa que impregna o Direito Urbanístico, não é de todo fácil, a exigir uma permanente reconstrução à luz de sucessivos e permanentes desenvolvimentos legais.

Nas palavras de EDGAR MORIN, a beleza e a cultura tornam o sujeito mais sensível, mas também mais intole-rante com a vulgaridade.

A autenticidade do jurista está na proximidade do que é distante e distante do que é próximo.

Mantém-se, todavia, actual a interrogação de ORTEGA Y GASSET. Qual a missão da Universidade?

Como havemos de falar do mar à rã se ela não sair do charco?

A resposta, pela mão de ORTEGA, creio, está no regresso autêntico da *cultura* à Universidade, redefinindo um caminho próprio, que é o nosso, sem qualquer cedência ao mimetismo especialístico.

No fundo, *ser autenticamente o que se é*. Como dizia o célebre LEONARDO (DA VINCI), *Chi non puó quel que vuol, quel que puó voglia*.

Em extrema e definitiva síntese, a Universidade não pode resumir-se a um espaço *ad usum delphinis,* mas deve ser também intrometida cultural, técnica e cientificamente nas urgências da vida.

A Faculdade de Direito tem de ser uma Faculdade de grande cultura, de outra forma é impossível formar um jurista-pessoa capaz de estar à altura do seu tempo – um tempo instantâneo e global.

Ensinar já não é ocultar. De resto, o professor e o aluno devem saber que a vida é dura, aceitemos, portanto, essa dureza e deixemo-nos de sofisticar e sofismar o futuro em destino.

ALGUMAS ABREVIATURAS

BauGB	Baugesetzbuch
C.E.	Código das Expropriações
C.P.A.	Código do Procedimento Administrativo
C.P.T.A.	Código de Processo nos Tribunais Administrativos
C.R.P.	Constituição da República Portuguesa
E.T.A.F.	Estatuto dos Tribunais Administrativos e Fiscais
L.P.C.	Lei do Património Cultural
L.P.T.A.	Lei de Processo nos Tribunais Administrativos
P.D.M.	Plano Director Municipal
P.E.O.T.	Plano Especial de Ordenamento do Território
P.I.M.O.T	Plano Intermunicipal de Ordenamento do Território
P.L.U.	Plan Local Urbain
P.M.O.T.	Plano Municipal de Ordenamento do Território
P.O.S.	Plan d'Occupation des Sols
P.P.	Plano de Pormenor
P.R.G.	Piano Regolatore Generale
P.R.O.T.	Plano Regional de Ordenamento do Território
P.S.	Plano Sectorial
P.U.	Plano de Urbanização
R.G.E.U.	Regulamento Geral das Edificações Urbanas
R.O.G.	Raumordnungsgesetz
S.C.T.	Schéma de Cohérence Territorial
S.R.U.	Solidarité et Renouvellement Urbains (Loi)
Z.A.C.	Zones d'Aménagement Concerté

5. BIBLIOGRAFIA REFERENCIADA NO TEXTO

5. BIBLIOGRAFIA REFERENCIADA NO TEXTO

ALEXY, R., "Eine diskurstheoretische Konzeption der pratischen Vernunft", in R. ALEXY / R. DREIER, *Rechtssystem und pratische Vernunft,* Berlin, 1993

ALIBRANDI, T. / FERRI, P., *I beni culturali e ambientali,* Milano, 3.ª ed., 1995

ALTERMAN, R., *Private Supply of Public Services. Evaluation of Real Estate Exactions, Linkage and Alternative Land Policies*, New York, 1985

ALVES CORREIA, *O Plano Urbanístico e o Princípio da Igualdade,* Coimbra, 1989

ALVES CORREIA, "O contencioso dos planos municipais de ordenamento do território", in *Rev. Jur. Urb. Amb.,* n.º 1, 1994

ALVES CORREIA, *Estudos de Direito do Urbanismo*, Coimbra, 1997

ALVES CORREIA, "Evolução do direito do urbanismo em Portugal em 1997-1998", in *B.F.D.U.C.*, vol. LXXIV, 1998

ALVES CORREIA, "Problemas actuais do direito do urbanismo em Portugal", in *CEDOUA,* n.º 2, 1998

ALVES CORREIA, "A impugnação jurisdicional de normas administrativas", in *Cadernos de Justiça Administrativa,* n.º 16, 1999

ALVES CORREIA, "A jurisprudência do Tribunal Constitucional sobre expropriações por utilidade pública e o Código das Expropriações de 1999", in *Rev. Leg. Jur.,* n.ºs 3905-3909 e n.ºs 3913 e 3914, 1999/2000

ALVES CORREIA, "L'indemnisation des servitudes d'urbanisme (Portugal)", in *Droit et Ville*, n.° 48, 1999

ALVES CORREIA, "Planos municipais de ordenamento do território, perequação de benefícios e encargos e indemnização", in *Estudos em Homenagem ao Prof. Doutor Rogério Soares,* Coimbra, 2001

AMOROSINO, SANDRO, "Dalle destinazioni d'uso all'uso delle destinazioni nella disciplina urbanistica", in *L'uso delle aree urbane e la qualità dell'abitato,* Milano, 2000

ARROYO, J. A. SEGOVIA, "Instrumentos de planeamiento general: algunos aspectos problemáticos", in *Rev. Der. Urb.*, Março, 2001

ASSINI, N., *Pianificazioni urbanistica e governo del territorio, volume trentesimo, Trattato di Diritto Amministrativo,* (coord. G. SANTANIELLO), Padova, 2000

AUSTIN, J. L., *How to Do Things with Words,* New York, 1962

AUTIN, J. L., "La zone de protection du patrimoine architecturel urbain et paysager", in *La questione dei centri storici (Gli strumenti normativi di tutela e di intervento nello Stato di Cultura),* Milano, 1997

AVARELLO, P., "Giuristi e urbanisti di fronte alla riforma urbanistica", in *La disciplina urbanistica in Italia (Presente e futuro della pianificazione urbanistica),* (coords F. PUGLIESE e E. FERRARI), Milano, 1999

AVILA ORIVE, J. L., *El Suelo como Elemento Ambiental (Perspectiva territorial y urbanística),* Bilbao, 1998

BABCOCK, R., *The Zoning Game Revisited,* Boston, 1985

BACIGALUPO, M., *La Discrecionalidad Administrativa (Estructura normativa, control judicial y límites constitucionales de su atribución),* Madrid, 1997

BANHAM, R., *Teoría y Diseño Arquitectónico en la Era de la Máquina,* Buenos Aires, 1971

BAPTISTA MACHADO, *Introdução ao Direito e ao Discurso Legitimador,* Coimbra, 1990

BARCELLONA, P., *Gli istituti fondamentali del diritto privato,* Napoli, 1997

Bibliografia Referenciada no Texto   241

BASSOLS COMA, M., "Panorama del derecho urbanístico español: balance y perspectivas", in *I Congreso Español de Derecho Urbanístico*, Santander, 1999

BATTIS / KRAUTZBERGER / LÖHR, *Kommentar zum Baugesetzbuch*, 6.ª ed., München, 1999

BATTIS, U. / LÖHR, P. P., "Die Neuregelungen des Baugesetzbuchs zum 1.1.1998", in *NVwZ*, n.º 12, 1997

BEACCO, JEAN-CLAUDE / LUZZATI, DANIEL, "Présentation générale", in *Le Dialogique* (AA.VV.), Bern, Berlin, Frankfurt/M., New York, Paris, Wien, 1997

BENEVOLO, L., *Le origini dell'urbanistica moderna*, Bari, 2000

BIGLIONE, F., *La Notion de Privation de Propriété. Étude Relative à la Propriété Immobilière*, Aix-en-Provence, 1998

BLACKHALL, J. CAMERON, *Planning Law and Practice*, London, 1998

BOBBIO, N., "Comandi e consigli", in *Riv. Dir. Proc. Pen.*, 1971

CARBONNIER, J., *Droit Civil. Les Biens*, II, Paris, 1957

CASALTA NABAIS, "Noção e âmbito do direito do património cultural", in *CEDOUA*, n.º 2, 2000

CERVELLATI, L., *La città bella*, Bologna, 1991

CERVELLATI, L., *L'arte di curare la città*, Bologna, 2000

CHARLES, H., *Droit de l'Urbanisme*, Paris, 1997

CHOAY, F., *L'Urbanisme: Utopie et Réalités*, Paris, 1965

CHOAY, F., "Riegl, Freud et les monuments historiques: pour une approche sociétale de la préservation", in *World Art, Acts of the XXVIth International Congress of the History of Art*, vol. III, London, 1989

CHOAY, F., *L'Allégorie du Patrimoine*, Paris, 1996

CIVITARESE MATTEUCCI, S., "Un tentativo di ricostruzione della nozione giuridica di 'previsioni urbanistiche sostanzialmente espropriative' dopo la sentenza n.º 179/99 de la Corte Costituzionale", in *L'uso delle aree urbane e la qualità dell'abitato*, Milano, 2000

CLÉMENT, R., *L'Esthétique de Schopenhauer*, Paris, 1969

COLAÇO ANTUNES, *A Tutela dos Interesses Difusos em Direito Administrativo (Para uma Legitimação Procedimental)*, Coimbra, 1989

COLAÇO ANTUNES, "Para uma noção jurídica de ambiente", in *Scientia Iuridica*, n.os 235/237, 1992

COLAÇO ANTUNES, "A fragmentação do Direito Administrativo: Do mito da caverna à utopia da vivenda", in *Rev. Jur. Urb. Amb.*, n.os 5/6, 1996

COLAÇO ANTUNES, "Contributo para uma percepção jurídico-cultural do centro histórico", in *Rev. Jur. Urb. Amb.*, n.º 7, 1997

COLAÇO ANTUNES, *O Procedimento Administrativo de Avaliação de Impacto Ambiental (Para uma Tutela Preventiva do Ambiente)*, Coimbra, 1998

COLAÇO ANTUNES, "O direito do ambiente como direito da complexidade", in *Rev. Jur. Urb. Amb.*, n.º 10, 1998

COLAÇO ANTUNES, *Para um Direito Administrativo de Garantia do Cidadão e da Administração. Tradição e Reforma*, Coimbra, 2000

COLAÇO ANTUNES, *O Direito Administrativo e a sua Justiça no Início do Século XXI (Algumas Questões)*, Coimbra, 2001

COMBY / RENARD, V., *Les Politiques Foncières*, Paris, 1996

CONDESSO, FERNANDO, *Direito do Urbanismo (Noções Fundamentais)*, Lisboa, 1999

CORDEIRO, ANTÓNIO, *A Protecção de Terceiros em Face de Decisões Urbanísticas*, Coimbra, 1995

CORNU, M., *Le Droit Culturel des Biens (L'intérêt culturel juridiquement protégé)*, Bruxelles, 1996

COWAN, D., *Housing Law and Policy*, Hampshire, 1999

CROCIONI, G., "Dall'urbanistica prescrittiva all'urbanistica negoziale", in *La disciplina urbanistica in Italia (Problemi attuali e prospettive di riforma)*, (coord. P. URBANI) Torino, 1998

CROZIER, M., *État Modeste. État Moderne. Stratégie Pour un Autre Changement*, Paris, 1987

CULLINGWORTH, J. B., *The Political Culture of Planning. American Land Use Planning in Comparative Perspective*, New York, London, 1993

CULLINGWORTH, J. B. / NADIN, V., *Town and Country Planning in Britain*, 12.ª ed., London, 1997

DELFANTE, CHARLES, *Grande Histoire de la Ville – De la Mésopotamie aux États-Unis*, Paris, 1997

DELGADO BARRIO, J., *El Control de la Discrecionalidad del Planeamiento Urbanístico*, Madrid, 1993

DESDENTADO DAROCA, E., *Discrecionalidad Administrativa y Planeamiento Urbanístico (Construcción teórica y análisis jurisprudencial)*, Pamplona, 1997

DIAS GARCIA, MARIA DA GLÓRIA, *Direito do Urbanismo (Relatório)*, Lisboa, 1999

DUNLOP, B., *Building a Dream. The Art of Disney Architecture*, New York, 1996

ESTORNINHO, M. JOÃO, *Contratos da Administração Pública (Esboço de autonomização curricular)*, Coimbra, 1999

FAURE-SOULET, J. F., *Économie Politique et Progrès au Siècle des Lumières*, Paris, 1964

FERNÁNDEZ RODRÍGUEZ, T. R., *De la Arbitrariedad de la Administración*, Madrid, 1994

FERREIRA, JORGE, *Direito do Património Histórico-Cultural (Cartas, Convenções e Recomendações Internacionais e Actos Comunitários)*, Coimbra, 1998

FREITAS DO AMARAL, "Relatório sobre o Programa, os Conteúdos e os Métodos de Ensino de uma Disciplina de Direito Administrativo", in *Rev. Fac. Dir. Univ. Lisb.*, Vol. XXVI, 1985

FREITAS DO AMARAL, *Direito Administrativo*, vol. III, Lisboa, 1989

FREITAS DO AMARAL, "Apreciação da dissertação de doutoramento do licenciado Fernando Alves Correia, 'O Plano Urbanístico e o Princípio da Igualdade' ", in *Rev. Fac. Dir. Univ. Lisb.*, vol. XXXII, 1991

FREITAS DO AMARAL, *Direito do Urbanismo (Sumários)*, Lisboa, 1993

FREITAS DO AMARAL, "Ordenamento do território, urbanismo e ambiente: objecto, autonomia e distinções, in *Rev. Jur. Urb. Amb.,* n.º 1, 1994

FRIER, P.-L., *Droit du Patrimoine Culturel,* Paris, 1997

FREUD, S., *Das Unbehagen in der Kultur,* Wien, 1929

FRIEDMAN, J., *Planning in the Public Domain: From Knowledge to Action,* Princeton, New Jersey, 1987

FULTON, W., *Guide to California Planning,* California, 1994

GADAMER, H. G., *Wahrheit und Methode. Grundzüge einer philosophischen Hermeneutik,* Tübingen, 1960

GADAMER, H. G., *L'Actualité du Beau,* tr. franc., Paris, 1997

GARCÍA DE ENTERRÍA, *Legislación Delegada, Potestad Reglamentaria y Control Judicial,* Madrid, 1970

GARCÍA DE ENTERRÍA / PAREJO ALFONSO, *Lecciones de Derecho Urbanístico,* Madrid, 1981

GIANNINI, M. S., "Sull'imputazione dei piani regolatori", in *Giur. compl. cass. civ.,* II, 1950

GIANNINI, M. S., "Provvedimenti amministrativi generali e regolamenti ministeriali", in *Foro it.,* III, 1953

GIANNINI, M. S., *I beni pubblici,* Roma, 1963

GIORDANI, P., *Il palinsesto urbanistico,* Rimini, 1999

GOMES CANOTILHO, "Procedimento administrativo e defesa do ambiente", in *Rev. Leg. Jur.,* ano 123, n.º 3799, 1991

GOMES CANOTILHO, "Jurisdição da ecologia ou ecologização do Direito", in *Rev. Jur. Urb. Amb.,* n.º 4, 1995

GOMES CANOTILHO, *Protecção do Ambiente e Direito de Propriedade (Crítica de jurisprudência ambiental),* Coimbra, 1995

GONZÁLEZ-VARAS IBÁÑEZ, S., *La Rehabilitación Urbanística,* Pamplona, 1998

HÄBERLE, P., "La protección constitucional y universal de los bienes culturales: un análisis comparativo", in *Rev. Esp. Der. Const.,* n.º 54, 1998

HÄBERLE, P., *Teoría de la Constitución como Ciencia de la Cultura,* tr. esp., Madrid, 2000

HARVEY, D., *La crise della modernità*, tr. it., Milano, 1993

HEIDEGGER, M., *Lettera sull'umanismo*, Torino, 1975

HOWARD, E., *Garden Cities of Tomorrow*, London, 1902

JACOBI, H., "Die Rechtsverordnungen", in *Handbuch des Deutschen Staatsrechts*, vol. II, coord. ANSCHÜTZ-THOMA, Tübingen, 1932

JACQUOT, H., *Droit de l'Urbanisme*, Paris, 1989

JEGOUZO, Y., "La loi Solidarité et renouvellement urbains: présentation générale", in *A.J.D.A.*, n.° 1, 2001

JESÚS FUENTE, M., *Diccionario de Historia Urbana y Urbanismo (El lenguaje de la ciudad en el tiempo)*, Madrid, 1999

JORGE MIRANDA, "Relatório com o Programa, os Conteúdos e os Métodos de Ensino de Direitos Fundamentais", in *Separata da Rev. Fac. Dir. Univ. Lisb.*, Ano XXVI

JORGE MIRANDA, "O património cultural e a Constituição – tópicos", in *Direito do Património Cultural*, Oeiras, 1996

JORGE MIRANDA, *Manual de Direito Constitucional*, vol. IV, 3.ª ed., Coimbra, 2000

KOCH, R., "Der Regionale Flächennutzungsplan: Potentiale, Probleme, Lösungsansätze", in *RuR*, 2000

KRÜGER, K., (coord.), *Europäische Städte im Zeitalter des Barocks*, Köln, 1988

KREBS, W., "Baurecht", in SCHMIDT-AÂMANN, *Besonderes Verwaltungsrecht*, 11.ª ed., Berlin, New York, 1999

KUHN, T. A., *The Structure of Scientific Revolutions*, Chicago, 1962

LAWSON, F. H. / RUDDEN, B., *The Law of Property*, Oxford, 2.ª ed., 1982

LEFCOE, G., "California's Land Planning Requirements: The Case for Deregulation", in *Southern Calif. Law Review*, n.° 54, 1981

LEGENDRE, P., *Histoire de l'Administration de 1750 à nos Jours*, Paris, 1968

LINOWES, R. / ALLENSWORTH, D., *The Politics of Land Use: Planning, Zoning and the Private Developer*, New York, 1981

LÓPEZ RAMÓN, F., "La situazione dell'urbanistica spagnola", in *Presente e futuro della pianificazione urbanistica*, Milano, 1999

MACPHERSON, C. B., *The Political Theory of Possessive Individualism,* Oxford, 1962

MARCOU, GÉRARD, "L'esperienza francese", in *Presente e futuro della pianificazione urbanistica,* Milano, 1999

MAZZAROLLI, L., *I piani regolatori urbanistici nella teoria giuridica della pianificazione,* Padova, 1967

MEDEIROS, RUI, *Ensaio sobre a Responsabilidade Civil do Estado por Actos Legislativos,* Coimbra, 1992

MEINONG, A., *Théorie de l'Objet et Présentation Personnelle,* tr. franc., Paris, 1999

MORAND-DEVILLER, J., *Droit de l'Urbanisme,* Paris, 1998

NORBERG-SCHULZ, *Genius Loci. Paysage, Ambiance, Architecture,* Bruxelles, 1981

NOZICK, R., *Anarchy, State and Utopia,* New York, 1974

OSSENBÜHL, F., *Staatshaftungsrecht,* 5.ª ed., München, 1998

RAMÓN PARADA, *Derecho Urbanístico,* Madrid, 1999

PAULA OLIVEIRA, F., "Os princípios da nova lei de ordenamento do território: da hierarquia à coordenação", in *CEDOUA,* n.º 1, 2000

PECZENIK, A., "Law, Morality, Coherence and Truth", *in Ratio Juris,* 1994

PEDROLLI, A., "Trasformazioni urbane: recupero e limiti della città", in *Atti I.R.T.U.* 89/90, Firenze

PEREC, G., *Un Homme qui Dort,* Paris, 1967

PEREIRA DA SILVA, VASCO, *Ensinar Direito (A Direito). Contencioso Administrativo,* Coimbra, 1999

PERESTRELO DE OLIVEIRA, L., *Código das Expropriações,* Anotado, 2.ª ed., Coimbra, 2000

PÉREZ MORENO, A., "Expropiaciones urbanísticas", in *Ordenamientos Urbanísticos (Valoración crítica y perspectivas de futuro),* Madrid, 1998

PICÓN, A., *Architecture et Ingénieurs au Siècle des Lumières,* Paris, 1988

PICOZZA, E., *Il piano regolatore generale urbanistico,* Padova, 1987

PISCITELLI, L., "Perequazione e integrazione fra le zone", in *L'uso delle aree urbane e la qualità dell'abitato*, Milano, 2000

PONCE SOLÉ, J., *Discrecionalidad Urbanística y Autonomia Municipal*, Madrid, 1996

PRIEUR, M., *Droit de l'Environnement*, Paris, 1996

QUAGLIA, M. A., *Pianificazione urbanistica e perequazione*, Torino, 2000

RAWLS, J., *A Theory of Justice*, Cambridge, 1971

RIEGL, A., *Le Culte Moderne des Monuments (Son essence et sa genèse)*, tr. franc., Paris, 1984

RODOTÀ, S., *Il terribile diritto. Studi sulla proprietà privata*, Bologna, 1981

RODRÍGUEZ, YVES, "La protection administrative de l'esthétique", in *Droit et Ville*, n.º 14, 1982

ROGÉRIO SOARES, *Direito Administrativo*, Coimbra, 1978

ROMAN, J., *Closing Statements. Linguistics and Poetics. In Style in Language*, New York, 1960

RORTY, R., *Contingency, Irony and Solidarity*, Cambridge, 1989

ROSS, A., *Celebration Chronicles: Life, Liberty and the Pursuit of Property Values in Disney's New Town*, New York, 1998

SALVIA, F. / TERESI, F., *Diritto urbanistico*, 5.ª ed., Padova, 1992

SANDULLI, A. M., "Profili costituzionali della proprietà privata", in *Riv. Trim. Dir. Proc. Civ.*, n.º 26, 1972

SAVY, ROBÈRT, "Construction et protection de l'esthétique. Règles de droit public", in *Droit et Ville*, n.º 2, 1976

SCANDURRA, E., *Città del terzo millenio*, Milano, 1997

SCHELZ, G., *Landesbauordnung für Baden-Württemberger. Kommentar 1996*, München, 1996

SCHMIDT-AßMANN, *Das allgemeine Verwaltungsrechts als Ordnungsidee*, München, 1998

SCHMIDT-AßMANN, "L'evoluzione del principio di conformità ai piani nel diritto urbanistico tedesco", in *Presente e futuro della pianificazione urbanistica*, Milano, 1999

SCHMIDT-Aßmann, *Besonderes Verwaltungsrecht*, 11.ª ed., Berlin, New York, 1999

SÉRVULO CORREIA, *Legalidade e Autonomia Contratual nos Contratos Administrativos*, Coimbra, 1987

SPANTIGATI, F., "Phélypeaux sull'autostrada", in *Scritti in Onore di Massimo Severo Giannini*, vol. 2.º, Milano, 1988

SPANTIGATI, F., *Diritto urbanistico*, Padova, 1990

SPANTIGATI, F., "Le categorie giuridiche necessarie per lo studio del diritto dell'ambiente", in *Riv. Guir. Amb.*, n.º 2, 1999

STELLA RICHTER, P., *Profili funzionali dell'urbanistica*, Milano, 1984

STELLA RICHTER, P., "Riforma urbanistica: da dove cominciare", in *Riv. Giur. Urb.*, n.ºˢ 3-4, 1996

STELLA RICHTER, P., *Ripensare la disciplina urbanistica*, Torino, 1997

STELLA RICHTER, P., "Necessità e possibilità della pianificazione urbanistica", in *Presente e futuro della pianificazione urbanistica*, Milano, 1999

STRUILLOU, JEAN-FRANÇOIS, "Cour Européenne des Droits de l'Homme et Conseil d'État: Une Nouvelle Limitation au Principe de Non-Indemnisation des Servitudes d'Urbanisme", in *Annuaire Français du Droit de l'Urbanisme et de l'Habitat*, Paris, 1999

TASSONE, ROMANO, "Modelli di pianificazione urbanistica e pluralità delle fonti del diritto", in *Presente e futuro della pianificazione urbanistica*, Milano, 1999

TEJEDOR BIELSA, J. C., *Propiedad, Equidistribución y Urbanismo (Hacia un nuevo modelo urbanístico)*, Pamplona, 1998

TEJEDOR BIELSA, J. C., *Un Modelo Urbanístico Alternativo: El Derecho Francés*, Barcelona, 1998

TERRANOVA, ANTONINO, *Le città & i progetti (Dai centri storici ai paesaggi metropolitani)*, Roma, 1993

THOMAS, Y., "Res, chose et patrimoine", in *Arch. Phil. Droit*, n.º 25

TINTORI, S., "La razionalità dell'urbanistica: un sentiero bibliografico nella teoria della pianificazione", in *Territorio*, n.º 15

URBANI, P., *Urbanistica consensuale*, Torino, 2000

Bibliografia Referenciada no Texto 249

URBANI, P. / CIVITARESE, S., *Diritto urbanistico, organizzazione e rapporti,* Torino, 2000

VATTIMO, G., *La fine della modernità,* Milano, 1985

VATTIMO, G., *Etica dell'interpretazione,* Torino, 1989

VIEIRA DA FONSECA, J., "Principais linhas inovadoras do Código das Expropriações de 1999", in *Rev. Jur. Urb. Amb.,* n.º 13, 2000, p. 59 e ss

VIEIRA DE ANDRADE, "Autonomia regulamentar e reserva de lei (Algumas reflexões acerca da admissibilidade de regulamentos das autarquias locais em matéria de direitos, liberdades e garantias)", in Separata do número especial do B.F.D.U.C. (*Estudos em Homenagem ao Prof. Doutor Afonso Rodrigues Queiró* – 1986), Coimbra, 1987

VIEIRA DE ANDRADE, *A Justiça Administrativa (Lições),* 3.ª ed., Coimbra, 2000

VIEIRA DE CASTRO, *Supervisão Pedagógica em Ensino do Português (Relatório da disciplina),* Braga, 1998

VILLEY, M., "Law in Things", in P. AMSELEK / N. MACORMICK (coords), *Controversies About Law's Ontology,* Edinburgh, 1991

VON HIPPEL, "Grundfragen der Rechtspolitik", in *Juristen Zeitung,* n.º 21, 1984

WILLIAMS, C., "Subjectivity, Expression and Privacy: Problems of Aesthetic Regulation", in *Minn. L. Rev.,* n.º 1, 1977

WITTGENSTEIN, L., *The Blue and Brown Books,* Oxford, 1933-1935

WITTGENSTEIN, L., *Tractatus Logico-Philosophicus,* tr. it., Torino, 1964

WOLF, M. A., *Land Use Planning,* 4.ª ed., Aspen, 1989

6. PROGRAMA ACTUAL DA DISCIPLINA

DIREITO URBANÍSTICO

PROGRAMA ACTUAL

CAPÍTULO I

Introdução

Delimitação e caracterização do Direito Urbanístico

0. Pré-compreensões: O regresso contextual do Direito Urbanístico à *forma urbis*. Ordenamento do território e defesa do ambiente

1. Inteligibilidade dos enunciados linguísticos utilizados: urbanização e urbanismo

2. Conceito, objecto e natureza do Direito Urbanístico

3. Distinção entre Direito Urbanístico e outras disciplinas jurídicas afins. A matriz do Direito do Ordenamento do Território

4. Administração Pública do Urbanismo: aspectos constitucionais e organizativos

5. Uma breve resenha histórica do Direito Urbanístico

6. Relevância do Direito Urbanístico europeu na conformação do Direito Urbanístico nacional

CAPÍTULO II

Teoria geral dos planos urbanísticos: do mito do plano à planificação estrutural

0. O plano urbanístico entre ser e dever-ser. À procura de um outro paradigma urbanístico: a planificação modesto-situacional

1. Funções dos planos urbanísticos

2. Tipologia dos planos urbanísticos

3. Para um justo procedimento de formação dos planos urbanísticos

4. Dos princípios jurídicos estruturantes dos planos urbanísticos aos *standards* urbanísticos e ambientais

5. Natureza jurídica dos planos urbanísticos

6. Contencioso dos planos urbanísticos

7. A possibilidade de uma planificação urbanístico-ambiental estratégica

8. A evolução da planificação urbanística na Europa – Alemanha, Espanha, França e Itália – e Estados Unidos

CAPÍTULO III

Regime jurídico dos instrumentos de gestão territorial

0. Considerações introdutórias: do ordenamento do território ao urbanismo e ao ambiente

1. Programa Nacional da Política de Ordenamento do Território

2. Planos Sectoriais

3. Planos Regionais de Ordenamento do Território

4. Planos Especiais de Ordenamento do Território

5. Planos Municipais de Ordenamento do Território

6. Elaboração, execução e avaliação dos instrumentos de gestão territorial

CAPÍTULO IV

Da discricionaridade dos planos urbanísticos à incerteza e conformação do direito de propriedade privada do solo

1. Pontualização e limites da discricionaridade do planeamento urbanístico

2. O plano urbanístico e o princípio da igualdade

3. A garantia constitucional do direito de propriedade privada do solo e respectiva vinculação social

4. Sentido e alcance do princípio da vinculação situacional da propriedade privada do solo

5. Dos efeitos desigualitários do plano urbanístico sobre o direito de propriedade do solo à necessidade de medidas compensatórias e indemnizatórias

6. O conteúdo urbanístico da propriedade do solo. O direito de propriedade privada do solo e o *ius aedificandi:* direito e dever de edificar

7. O silêncio dos inocentes no Direito Urbanístico

8. A difícil relação da *vis* expansiva do plano urbanístico com as normas jurídicas sobre a utilização do solo

CAPÍTULO V

Sistemas e instrumentos de execução dos planos

1. Considerações introdutórias

2. Sistemas de execução

3. Instrumentos de execução

    3.1. O direito de preferência
    3.2. O reparcelamento do solo urbano
    3.3. O licenciamento de obras particulares
    3.4. O loteamento e as obras de urbanização
    3.5. A expropriação por utilidade pública

CAPÍTULO VI

Reabilitação urbana, estética e centros históricos

1. Labilidade conceptual

2. O Direito Urbanístico e a estética. Da ética da concepção à beleza da forma

3. A delicadeza jurídica dos juízos estéticos

4. A tutela dos centros históricos

ÍNDICE

PLANO DO RELATÓRIO 11

CONSIDERAÇÕES INTRODUTÓRIAS 13

PROGRAMA DE AUTOR E BIBLIOGRAFIA 19

CONTEÚDO PROGRAMÁTICO 47
    Capítulo I 49
    Capítulo II 93
    Capítulo III 133
    Capítulo IV 143
    Capítulo V 177
    Capítulo VI 203

MÉTODOS DE ENSINO TEÓRICO E PRÁTICO DA DISCIPLINA 219

ALGUMAS ABREVIATURAS 235

BIBLIOGRAFIA REFERENCIADA NO TEXTO 237

PROGRAMA ACTUAL DA DISCIPLINA 251